gutes leben

bene!

MICHAEL B. CURRY

Lasst uns die Welt **auf den Kopf stellen!**

Die verrückte und lebensverändernde Botschaft Jesu

Aus dem Amerikanischen von Ulrike Strerath-Bolz

Inhalt

Einleitung 7

Wir brauchen verrückte Christen 13

Auf dem Weg der Liebe 23

Wir sind Teil von etwas, das größer ist als wir 35

»Hinaus auf das wilde, unruhige Meer!« 43

Den Traum Gottes leben 51

Eine Bergbesteigung, die die Welt verändert 65

Nieder mit den trennenden Mauern 77

Jesus mit den Füßen nachfolgen 93

Drunter und drüber und doch ganz richtig 103

Das Ziel in den Blick nehmen –
und weitermachen 111

Der ausgestreckte Arm Jesu
und die unendliche Reichweite der Liebe 121

Gottes Traum und unsere Hoffnung 131

Die gute Botschaft wird die Welt neu ordnen 143

Lasst uns nach Galiläa gehen –
dem vielleicht letzten Ort, wo wir sein wollen 157

Nachwort von Margot Käßmann 175

Danksagung 181

Anhang, Quellennachweise 184

Einleitung

Ich habe festgestellt, dass es Dinge gibt, die uns unser ganzes Leben lang begleiten, wenn sie uns erst einmal begegnet sind. Sie werden mit der Zeit zu einem Teil von uns. Vor allem, wenn wir noch jung sind.

Als ich während meiner Schulzeit für den damaligen Senator Robert F. Kennedy Wahlkampf machte, zitierte dieser gerne George Bernard Shaw: »Manche Menschen sehen die Dinge, wie sie sind, und fragen: *Warum?* Ich träume Dinge, die nie waren, und frage: *Warum nicht?*« Diese Worte haben mich nicht mehr losgelassen. Heute, Jahrzehnte später, habe ich den starken Verdacht, dass der Heilige Geist da seine Hand im Spiel hatte.

Als ich in den Achtzigerjahren Pfarrer in einer Gemeinde in Ohio war, kam die inzwischen verstorbene Verna J. Dozier einen ganzen Tag lang zu Besuch. In Zeiten der Rassentrennung hatte sie an Schulen in Washington, D.C., Englisch unterrichtet und stand stark unter dem Einfluss von Rev. Gordon Cosby und seiner Idee einer Jüngerschaft, die radikal in den Fußstapfen Jesu unterwegs ist. Als Verna das Unterrichten aufgab, kam sie zur Episkopalkirche, wo sie von nun an ihre großartigen literarischen Fähigkeiten und ihr breites Wissen einbrachte. Dort half sie uns und vielen anderen Mainstream-Christen, die wir manchmal von der Radikalität der Bibel etwas eingeschüchtert sind, uns wieder ganz neu der Heiligen Schrift zuzuwenden. Sie tat dies, indem sie uns beibrachte, die Bibel *wirklich* zu lesen und die Worte Gottes an uns ganz neu zu hören. Sie machte uns Mut, von einer Welt zu träumen, die vollkommen auf Gottes liebevoller Vision für seine Schöpfung und die gesamte Menschenfamilie beruht.

Ich lernte Verna an jenem Tag, als sie uns in Lincoln Heights besuchte, kennen. Damals brachte sie gerade ein Buch über die Geschichte und Bedeutung der Bibel heraus. Es trug den Titel *The Dream of God: A Call to Return* (Der Traum Gottes: Ein Ruf zur Umkehr).

Dieses Buch half mir zu erkennen, dass die Bibel – der christliche Glaube und all seine Traditionen – auf etwas Größeres verweist: auf den Willen, die Vision, die großartigen Absichten und die leidenschaftliche Sehnsucht Gottes für die gesamte Schöpfung. Verna schrieb, dass das Reich Gottes, von dem Jesus mehr als von allem anderen sprach, nichts anderes ist als Gottes wahr gewordener Traum: seine Idee vom menschlichen Leben, unserer Gesellschaft und der gesamten Schöpfung.

Dieser Traum ist der wichtigste Grund für Gottes Engagement im Geschehen der Welt, von den Tagen der Bibel bis heute. Dieser Traum hat die jüdischen Propheten inspiriert, die den Menschen ein »So spricht der Herr« entgegendonnerten, um Ungerechtigkeit und Misshandlung der

Armen anzuprangern. Dieser Traum ist der Grund, warum Gott in der Gestalt des Jesus von Nazareth zu uns kam. In der Gestalt eines Menschen, der uns gezeigt hat, wie wir die Albträume unserer sündhaften Existenz überwinden können, um *seinen* Traum Wirklichkeit werden zu lassen.

Beim Christsein geht es nicht darum, einer Kirche anzugehören oder ein netter Mensch zu sein, sondern einzig und allein darum, Jesus nachzufolgen. Es geht darum, seine Lehre ernst zu nehmen, seiner Liebe die Herrschaft in unserem Leben zu überlassen und die Welt auf den Kopf zu stellen. Damit aus dem Albtraum dieser Welt der Traum Gottes wird.

Beim Lesen von Vernas Buchs begann ich, die Worte von Robert F. Kennedy in einem ganz neuen Licht zu sehen.

»Manche Menschen sehen die Dinge so, wie sie sind, und fragen: *Warum?* Ich träume Dinge, die nie waren, und frage: *Warum nicht?*«

Warum nicht?

Warum leben wir nicht in einer Welt, in der kein Kind mehr hungrig schlafen gehen muss?

Warum leben wir nicht in einer Welt, in der keine Armut mehr existiert?

Warum leben wir nicht in einer Welt, in der jeder Mensch als ein Kind Gottes behandelt wird?

Warum leben wir nicht in einer Welt, in der wir unsere Schwerter und Schilde am Flussufer niederlegen und nie mehr Krieg führen, so wie es der Prophet Jesaja beschrieb?

Warum leben wir nicht in einer Welt, in der wir mit unserem Gott und miteinander versöhnt sind – als Kinder Gottes, als Brüder und Schwestern?

Warum leben wir nicht in einer Welt, die weniger wie ein Albtraum wirkt und mehr wie Gottes Traum von seiner Schöpfung?

Warum nicht?

Wir, die wir Jünger Jesu sein wollen, haben uns verpflichtet, seiner Lehre, seiner Lebensweise und seiner liebenden, befreienden Wirklichkeit zu folgen. Auf Gottes großes *Warum nicht?* zuzugehen, seinen Traum im Blick zu behalten.

Natürlich hielten die Menschen seiner Zeit Jesus für verrückt. Und Menschen, die es wagen, heute wie Jesus zu leben, werden ebenfalls gerne für verrückt erklärt. Ich fürchte, das hat Jesus gemeint, als er sagte: »Wenn einer hinter mir hergehen will, verleugne er sich selbst, nehme sein Kreuz auf sich und folge mir nach. Denn wer sein Leben retten will, wird es verlieren; wer aber sein Leben um meinetwillen und um des Evangeliums willen verliert, wird es retten.« (Markus 8,34 f.)

Beim Schreiben und Redigieren dieses Buches entfaltete sich wie von selbst eine Botschaft: die vom Ruf Gottes, ein anderes Leben zu führen. Ein Leben in echter Jüngerschaft. Eine Botschaft der Hoffnung auf eine neue, verwandelte Schöpfung.

Ich würde gern behaupten, dass ich mir dieser Botschaft schon immer voll bewusst gewesen wäre und sie nur noch niederschreiben musste. In manchen Fällen war das tatsächlich so. Aber viel häufiger tauchten die Wörter und Ideen während der Arbeit am Manuskript einfach wie aus dem Nichts auf. Ich vertraue darauf, dass dies das Werk des Heiligen Geistes war. Desselben Geistes, der vor langer Zeit einem jungen Präsidentschaftskandidaten Worte in den Mund legte, die ich nie vergessen habe:

»Manche Menschen sehen die Dinge, wie sie sind, und fragen: *Warum?* Ich träume Dinge, die nie waren, und frage: *Warum nicht?*«

KAPITEL 1

Wir brauchen verrückte Christen

Jesus ging in ein Haus, und wieder kamen so viele Menschen zusammen, dass sie nicht einmal mehr essen konnten. Als seine Angehörigen das hörten, machten sie sich auf den Weg, um ihn mit Gewalt zurückzuholen; denn sie sagten: »Er ist von Sinnen.«

Markus 3,20 und 21

Er ist von Sinnen.« So formuliert es die Einheitsübersetzung. Andere Übersetzungen der Bibel werden deutlicher. Etwa die *Hoffnung für alle,* in der es heißt: »Er hat den Verstand verloren!«

In meiner Lieblingsversion, der Übertragung der American Bible Society, steht: »Als seine Familienmitglieder hörten, was er tat, hielten sie ihn für verrückt und wollten ihn wieder unter Kontrolle bringen.«

Allerdings scheint es schwierig zu sein, Jesus »unter Kontrolle« zu bekommen. Das musste nicht nur seine Familie erfahren. Fjodor Dostojewski kritisiert in seinem Roman *Die Brüder Karamasow*, dass die Kirche und die Christen dies auch schon allzu oft versucht hätten. Wir wollen den Messias managen. Aber das funktioniert nicht. Ein Theologe hat es einmal so beschrieben: »Jesus bricht aus allen Gräbern aus, in die wir ihn eingesperrt haben.«[1]

Verzeihen Sie mir, wenn ich es so deutlich sage, aber Jesus war und ist tatsächlich *verrückt*. Und alle, die ihm nachfolgen wollen, die seine Jünger sein wollen, die mit ihm gehen und leben wollen, muss man wohl ebenfalls so bezeichnen – verrückt. Wenn Sie mich fragen, was die Kirche heute benötigt, dann sage ich: Wir brauchen verrückte Christen.

Ich will die Mutter Jesu und seine Familie für ihre Einschätzung, dass man es offensichtlich mit jemandem zu tun hat, der nicht normal ist, nicht vorschnell verurteilen. Sie hatten guten Grund zu dieser Annahme. Jesus hat tatsächlich völlig verrückte Dinge gesagt: »Vergeltet Böses nicht mit Bösem oder Schmähung mit Schmähung! Im Gegenteil: Segnet, denn dazu seid ihr berufen worden, dass ihr Segen erbt.« (1. Petrusbrief 3,9) Das ist verrückt! Ein anderes Mal sagte er: »Der Größte von euch soll euer Diener sein.« (Matthäus 23,11) Das ist verrückt!

Bei anderer Gelegenheit sagte Jesus: »Liebt eure Feinde und betet für diejenigen, die euch hassen.« (Matthäus 5,44)

Jesus war verrückt. Er betete sogar noch, als die Leute ihn umbrachten: »Vater, vergib ihnen, denn sie wissen nicht, was sie tun.« (Lukas 23,34) Also wenn das nicht verrückt ist …

Was die Welt ein Elend nennt, das nennt Jesus gesegnet. Gesegnet sind die Armen und die geistlich Armen. Gesegnet sind die Barmherzigen, die Mitfühlenden. Gesegnet sind die, die hungern und dürsten nach Gottes Gerechtigkeit. Gesegnet sind, die für den Frieden arbeiten. Gesegnet seid ihr, wenn ihr verfolgt werdet, nur weil ihr versucht, zu lieben und Gutes zu tun. (Matthäus 5,3–11)

All das sagte Jesus. Und er tat es nicht heimlich, sondern sprach zu einer großen Menschenmenge. Das war verrückt!

Was die Kirche braucht, was diese Welt braucht, sind Christen, die genauso verrückt sind wie ihr Herr. Verrückt genug, um zu lieben, wie Jesus geliebt hat. Um zu geben wie er, zu vergeben wie er, Gerechtigkeit auszuüben, die Barmherzigkeit zu lieben, demütig auf den Wegen Gottes zu gehen. So wie Jesus.

Verrückt genug, etwas zu wagen, was sonst keiner wagt: Die Welt wirklich auf den Kopf zu stellen, damit sie kein Albtraum mehr ist, sondern sich immer mehr Gottes Traum, seiner Idee annähert. Und diejenigen unter uns, die Jesus gerne nachfolgen wollen, diejenigen, die seine Jünger sein wollen … sind auch dazu aufgerufen, verrückt zu sein.

Im Neuen Testament wird die Geschichte von Maria aus Magdala, auch bekannt als Maria Magdalena, erzählt. Sie wird stets sehr negativ dargestellt. Ob als sündhafte Prostituierte im Neuen Testament oder auch in dem Roman *Sakrileg* – jedes Mal bekommt sie ihr Fett weg. Und das, obwohl sie eigentlich das beste Beispiel für eine Nachfolgerin Jesu ist. Wieso? Ganz einfach: Maria Magdalena war verrückt. Sie taucht auf, wo sie nicht auftauchen soll. Sie redet, wo andere schweigen. Sie steht auf, wenn sich alle anderen hinsetzen. Sie tanzte ganz offensichtlich ständig aus der Reihe. Und solche Leute nennt die Welt nun mal verrückt.

Denken Sie an die Kreuzigung Jesu. Eine Hinrichtungsmethode, die vom Römischen Reich bei Verbrechen gegen den Staat angewandt wurde. Eine öffentliche Form der Folter, extrem brutal – um allen deutlich zu machen, dass Revolution und Revolutionäre nicht toleriert werden. Unterstützer und Anhänger eines Gekreuzigten waren ebenfalls in Gefahr und taten gut daran, sich dem Hinrichtungsort nicht zu nähern. Vernünftig wäre es gewesen, unterzutauchen oder ins Exil zu gehen.

Was taten die Jünger Jesu, als ihr Herr gekreuzigt wurde?

Simon Petrus? War nicht da. Jakobus? Abwesend. Andreas? Abwesend. Bartholomäus? Abwesend. Judas? Ebenfalls abwesend. Maria Magdalena? Sie war da. Und sie hatte sich nicht in der Menge versteckt. Sie stand ganz vorne bei Jesus am Kreuz.

Früher sangen die Sklaven ein Lied: »Were you there when they crucified my Lord?«

Wo warst du, als sie den Herrn kreuzigten?

Maria war einer der wenigen Menschen, die sagen konnten: »Ja, ich war da.« Und das trotz aller Gefahr! Wenn das nicht verrückt ist!

Und es ist noch nicht alles.

Wer steht am Ostermorgen auf und geht zum Grab?

Nicht Petrus, nicht Andreas, nicht Jakobus, nicht einmal Johannes, der Lieblingsjünger Jesu. Nein, es ist Maria Magdalena, begleitet von ihren Schwestern! Sie gehen zum Grab, obwohl es gefährlich ist, deutlich zu machen, dass man mit einem Menschen in Verbindung steht, der vom Römischen Reich hingerichtet worden ist. In den Evangelien heißt es weiter, dass ein großer Stein vor den Eingang gewälzt worden war. Vermutlich wusste Maria das schon vorher. Und sie hätte überhaupt keine Möglichkeit gehabt, den Stein wegzuwälzen. Und trotzdem ging sie hin. Vollkommen verrückt!

Und das ist immer noch nicht alles. Im Matthäusevangelium heißt es, die Römer hätten Wachen beim Grab aufgestellt. Maria hätte keine Chance gehabt, sie zu vertreiben. Aber sie ging trotzdem hin. All das ist total verrückt.

Und diese Verrücktheit ließ sie zur ersten Zeugin der Auferstehung Jesu von den Toten werden. Sie konnte die Tatsache bezeugen, dass die Liebe Gottes größer ist als aller Hass. Weil Maria so verrückt war wie Jesus, wurde sie seine Zeugin.

Maria Magdalena zeigt uns, wie es geht. Und sie zeigt uns, dass wir verrückte Christen brauchen.

Den meisten ist es gar nicht bewusst, aber wir haben sogar einen Gedenktag für verrückte Christen. Allerheiligen. *Aller*heiligen, weil die Heiligen – obwohl sie fehlbare, sterbliche, sündhafte Menschen waren wie wir – *alle* aus der Reihe tanzten, wenn es darauf ankam. Sie haben in ihrem Leben etwas Entscheidendes getan, um diese Welt auf den Kopf zu stellen. Bis heute gibt es zahlreiche Bücher, in denen ihre Geschichte erzählt und an sie erinnert wird. Harriet Beecher Stowe ist für mich solch eine Heilige. Sie setzte sich dafür ein, Sklaven zu befreien, und half als Christin mit, die Welt zu verändern. Bekannt geworden ist sie durch ihren Roman *Onkel Toms Hütte.* Darin erzählt sie, wie sich Sklaverei anfühlt. Von der Brutalität, der Ungerechtigkeit und der Unmenschlichkeit.

Ihr Buch bewirkte im 19. Jahrhundert, was heute vielleicht YouTube-Filme über Ungerechtigkeit und Brutalität bewirken: Es rief die Gegner der Sklaverei auf den Plan und erregte großen Ärger bei all denen, die von ihr profitierten. Es hatte einen so großen Einfluss, dass Abraham Lincoln, der während des Bürgerkrieges das Amt des amerikanischen Präsidenten innehatte, bei ihrer ersten Begegnung gesagt haben soll: »Das ist also die kleine Dame, die diesen großen Krieg angezettelt hat.«[2] Beecher Stowe selbst hat über ihren Roman gegen die Sklaverei gesagt: »Ich habe ihn so geschrieben, weil ich als Frau und Mutter niedergedrückt und verzweifelt war von dem Kummer und der Ungerechtigkeit, die ich sah. Weil ich als Christin das Gefühl hatte, dass hier dem Christentum Schande gemacht wurde. Weil ich, die ich mein Land liebe, vor dem Tag des Gerichts zitterte.«[3]

Kein Zweifel: Harriet Beecher Stowe war verrückt. Zu dieser Zeit erwartete man von einer Frau, dass sie höchstens nette Geschichten schrieb – keine Romane, die das Gewissen einer ganzen Nation aufrütteln. Eine Frau aus ihrer Gesellschaftsschicht sollte heiraten, wohlerzogene Kinder haben, ein bisschen Wohltätigkeitsarbeit leisten und bei ihrer Beerdigung von allen, die sie kannten, liebevoll bedacht werden. So hätte ihr Leben aussehen sollen. Aber Beecher Stowe war in einer Familie aufgewachsen, die daran glaubte, dass Nachfolge Jesu bedeutet, die Welt zu verwandeln. Und manchmal bedeutet das eben, aus der Reihe zu tanzen. Sich gerade dort einzumischen, wo wir in Versuchung sind, einfach wegzuschauen. Den Mund aufzumachen, wenn alle anderen schweigen. Anders zu sein. Manchmal bedeutet Nachfolge Jesu, verrückt zu sein.

Nach dem Tod von Steve Jobs, dem Gründer der Firma Apple, wurde ein alter Werbefilm aus den Neunzigerjahren auf YouTube verbreitet. Die Botschaft: *Think different – denke anders.* Der Film zeigt eine Collage von Leuten, die andere Menschen inspiriert, etwas Besonderes erfunden, erschaffen oder geopfert haben, um die Welt ein Stück besser zu machen. Menschen, die etwas Entscheidendes bewirkt haben. Mutter Teresa, Albert Einstein, Mahatma Gandhi, Albert Schweitzer und viele andere. Eine Stimme aus dem Off liest währenddessen folgenden Text:

Ein Hoch auf die Verrückten,
auf die, die sich nicht anpassen, die Rebellen.
Die Aufrührer. Die runden Dübel in eckigen Löchern.
Diejenigen, die Dinge anders sehen.
Sie mögen keine Regeln und haben keinen Respekt vor dem Status quo.
Wir können sie zitieren, ihnen widersprechen, sie verherrlichen oder verdammen.
Aber ignorieren können wir sie nicht.
Denn sie verändern etwas.
Sie erfinden, erdenken, heilen, erforschen.
Sie erschaffen, inspirieren, bringen die Menschheit voran.
Vielleicht müssen sie verrückt sein.
Wie sonst könnte man auf eine leere Leinwand blicken und ein Kunstwerk sehen?
In der Stille sitzen und ein Lied hören, das noch nie gesungen wurde?
Oder einen roten Planeten anschauen und währenddessen ein Labor auf Rädern sehen?
Manch einer hält sie für verrückt. Wir nicht. Wir denken, dass sie Genies sind. Denn nur Menschen, die so verrückt sind zu glauben,
sie könnten die Welt verändern, tun es auch wirklich.[4]

Diese Botschaft können wir gut auf uns übertragen und sagen:

Christen, die so verrückt sind zu glauben, dass sie die Welt verändern können, tun es auch wirklich.

Wir brauchen verrückte Christen! Ein vernünftiges, braves Christentum bringt uns alle um. Bequemes, angepasstes Christentum hat vielleicht früher funktioniert, aber heute ist es nicht mehr in der Lage, die Botschaft des Evangeliums weiterzutragen. Wir brauchen verrückte Christinnen und Christen wie Maria Magdalena und Harriet Beecher Stowe. Männer und Frauen, die so verrückt sind zu glauben, dass Gott real ist und dass Jesus lebt. Die so verrückt sind, dass sie dem radikalen Weg des Evangeliums folgen. Die so verrückt sind zu glauben, dass die Liebe Gottes größer ist als alle Mächte des Bösen und des Todes.

Wir brauchen Christen, die so verrückt sind zu glauben, dass Kinder nicht hungrig einschlafen müssen. Dass es tatsächlich eine Möglichkeit gibt, unsere Schwerter und Schilde unten am Fluss niederzulegen. Dass jeder Mensch auf dieser Welt ein Abbild Gottes ist. Dass wir alle in gleicher Weise Kinder Gottes sind und auch so behandelt werden sollten.

Was wir brauchen, sind Christen, die so verrückt sind, einen Blick auf die alles verändernde Vision unseres Herrn und Erlösers Jesus Christus zu werfen. Die so verrückt sind, ihm nachzufolgen und sich an die Arbeit zu machen. Die bereit sind, Gott zu helfen, seinen Traum für die Menschen und die gesamte Schöpfung wahr zu machen.

KAPITEL 2

Auf dem Weg der Liebe

»Ein neues Gebot gebe ich euch: Liebt einander! Wie ich euch geliebt habe, so sollt auch ihr einander lieben […] Ich bin der Weinstock, ihr seid die Reben. Wer in mir bleibt und in wem ich bleibe, der bringt reiche Frucht.«

Johannes 13,34 und 15,5

Beim letzten Abendmahl mit seinen Jüngern, kurz vor seinem Tod, sagt Jesus: »Ein neues Gebot gebe ich euch.«

Es geht nicht um eine neue Möglichkeit, sondern ein neues Gebot. Und es lautet: »Liebt einander.« Und Jesus zeigt seinen Jüngern auch gleich, wie diese Liebe aussehen kann. Er wäscht ihnen die Füße und sagt: »Wie mich der Vater geliebt hat, so habe auch ich euch geliebt. Bleibt in meiner Liebe!«

Jesus sagt dies zu einem Zeitpunkt, an dem er bereits weiß, dass alles Bisherige zerbrechen wird, dass Unsicherheit und Zweifel seine Jünger bald überwältigen werden. Nicht einmal er selbst weiß genau, was ihm bevorsteht. Dem Vater zu vertrauen ist alles, was er tun kann.

Und er sagt in dieser Situation noch etwas zu ihnen: »Ich bin der Weinstock, ihr seid die Reben.«

Hören Sie, wie Jesus auch Ihnen das gerade zuflüstert? »Ich bin der Weinstock, ihr seid die Reben. Bleibt in mir und ich in euch, denn ohne mich könnt ihr nichts tun. Aber wenn ihr bei mir bleibt, werdet ihr viel Frucht tragen und so zeigen, dass ihr meine Jünger seid.«

In einem weiteren Text macht er deutlich, wie er diese Verbindung sieht: »Daran werden alle erkennen, dass ihr meine Jünger seid: Wenn ihr einander liebt.«

Es geht nicht darum, ein Glaubensbekenntnis, die Zehn Gebote oder die Abfolge der Bücher in der Bibel auswendig zu können.

Liebe ist der einzige Weg. Diejenigen, die mir folgen, sagt Jesus, sind auf einem Weg der bedingungslosen, selbstlosen, opferbereiten Liebe. Und diese Liebe kann die Welt auf den Kopf stellen. Aber damit ist die Frage nach dem *Wie* ja noch nicht beantwortet. Einmal war ich bei einer Gruppe Jugendlicher aus unserer Gemeinde eingeladen. Als wir über die Liebe sprachen, sagte jemand: »Wie können wir Jesus auf dem Weg der Liebe folgen, wenn die Welt derart lieblos ist?«

Ja, wie macht man das?

Es gibt ein altes Lied, das uns helfen kann:

Ich folge ganz der Botschaft Jesu,
nichts kann mich aufhalten,
meine Augen blicken auf das Ziel,
ich gehe weiter, weiche nicht,
das Ziel ist nahe,
ich weiche nicht.

Dieser Text spielt auf eine Geschichte an, die im Matthäusevangelium erzählt wird. Dort sagt Jesus zu seinen Jüngern, dass sie mit dem Boot auf die andere Seite des Sees Genezareth fahren sollen. Als sie mitten auf dem See sind, mitten in der Nacht, bricht plötzlich ein gefährlicher Sturm los, und die Jünger fürchten um ihr Leben. Es ist stockdunkel, und sie haben nur eine Laterne im Boot. Sie fürchten sich, können den Regen nicht sehen, nur spüren. Das Boot schaukelt und schwankt, wird vom Sturm geschüttelt.

Und genau in dem Moment, als die Situation am schlimmsten ist, sieht Petrus aus der Ferne eine Gestalt auf das Boot zulaufen. Er starrt zu ihr hin und steht sogar auf, um sie besser sehen zu können, und das, obwohl das Boot so schaukelt. Wahrscheinlich müssen die anderen ihn festhalten. Währenddessen kommt die Gestalt immer näher. Zuerst denkt Petrus, dass es sich um eine Halluzination handelt. Dann erkennt er das Gesicht: Es ist Jesus.

Als er nah genug bei ihnen ist, sagt Petrus, ohne groß nachzudenken: »Herr, wenn du mir befiehlst, zu dir zu kommen, dann komme ich.« Und Jesus antwortet: »Dann komm.« Todesmutig springt Petrus aus dem Boot und geht Jesus entgegen. Er tut das wirklich!

Aber dann schaut er sich um und bekommt einen Riesenschreck: Petrus blickt auf den Wind und die Wellen und verliert Jesus aus den Augen. Und genau in dem Moment fängt er an zu sinken.

Ich bin sicher, dass diese Geschichte uns etwas Wichtiges zu sagen hat: Wir müssen die Augen auf Jesus richten, auf seine Lehre und seine Botschaft. Wir müssen in seiner Nähe bleiben und in seinen Fußstapfen gehen. Wenn wir das tun, dann können wir die verrücktesten Dinge erleben.

Das ist es, was Petrus passiert. Er kann übers Wasser gehen, weil er seinen Blick auf Jesus richtet. Dass Jesus das kann, überrascht mich nicht besonders. Aber Petrus? Das hätte niemand erwartet.

Einer, der uns noch genauer erklären kann, wie das möglich war, ist der Theologe Dietrich Bonhoeffer. Er war ein wichtiges Mitglied des deutschen Widerstandes gegen die Nazis, die ihn 1945 im KZ Flossenbürg hinrichteten. Bonhoeffer hat ein Buch mit dem Titel *Nachfolge* geschrieben. Darin geht es um die Bergpredigt, wo Jesus so verrückte Dinge sagt wie »Liebt eure Feinde« oder »Segnet diejenigen, die euch verfluchen«.

Laut Bonhoeffer erklärt Jesus uns mit diesen Aussagen, wie man in seiner Liebe leben kann. Bonhoeffer ist sicher: Wer versucht, diese Gebote mechanisch zu befolgen wie ein Gesetz, der wird unweigerlich scheitern. Es kann nicht darum gehen, die Lehren Jesu in ein neues Gesetz zu gießen. Es geht darum, sich in die Arme Gottes zu werfen. Sich ganz in die Hände Jesu zu begeben. Nur dort können wir lernen, unsere Feinde zu lieben. Nur dort können wir lernen, für diejenigen zu beten, die uns verfluchen. Und nur dort erfahren wir, was es heißt, wirklich selig zu sein. Wie die Armen. Wie die geistlich Armen. Die Barmherzigen. Die, die nach Gottes Gerechtigkeit hungern. Wir müssen uns in die Arme Jesu werfen und uns an ihm festhalten.

Ich folge ganz der Botschaft Jesu,
nichts kann mich aufhalten,
meine Augen blicken auf das Ziel,
ich gehe weiter, weiche nicht,
das Ziel ist nahe,
ich weiche nicht.

Vor ein paar Monaten habe ich eine Gruppe von Geistlichen, Laien, Bischöfen und Theologen eingeladen, etwas Zeit mit mir zu verbringen. Ich habe sie gebeten, gemeinsam über eine wichtige Frage nachzudenken: Wie können wir es schaffen, als Nachfolger Jesu noch enger an ihm dran zu sein – nicht nur mit unseren Worten, nicht nur mit unseren Taten, sondern mit unserem ganzen Leben? Und wie können wir auch anderen helfen, sich ebenfalls in die Arme Jesu zu werfen? Denn wir wissen: Wenn wir das tun, dann werden wir Frucht tragen, wie wir es uns niemals vorstellen konnten.

Ich muss allerdings gleich dazusagen: Ich hatte schon damals keine Antwort auf diese Frage. Und ich habe sie immer noch nicht.

Wir haben uns eingeschlossen, miteinander die heilige Eucharistie gefeiert, gebetet und einfach beieinandergesessen. Kein feines Abendessen, kein Wein. Kein Fastfood, obwohl ich wirklich Lust darauf gehabt hätte. Wir sind einfach zusammengeblieben, haben miteinander gesprochen, gebetet und die Frage von allen Seiten umkreist, immer wieder.

Auf einmal wurde uns etwas deutlich: Wir brauchen gar kein neues »Programm«, keine neuen Maßnahmen oder Aktivitäten. Wir müssen überhaupt nichts Neues machen. Jesus sagt im Matthäusevangelium: »Deswegen gleicht jeder Schriftgelehrte, der ein Jünger des Himmelreichs geworden ist, einem Hausherrn, der aus seinem Schatz Neues und Altes hervorholt.« (Matthäus 13,52) Wir begriffen, dass die jahrhundertealten Traditionen unserer Kirche schon alles bereithalten, was wir brauchen.

Viele Jahrhunderte lang haben klösterliche Gemeinschaften, Kirchengemeinden und Einzelpersonen, die in den Fußspuren Jesu unterwegs waren, nach einer einfachen »Lebensregel« gelebt, einer Sammlung spiritueller Praktiken, die ihnen half, ihre Seele und ihren Geist für Gott zu öffnen und sich in seine Arme zu werfen. Denken Sie an den heiligen Benedikt, einen Mönch, der diesen Weg schon im 5. Jahrhundert beschritt.

Nach unserem Treffen haben wir weitere Leute dazugeholt: einige aus klösterlichen Gemeinschaften, einige aus dem Bereich der wissenschaftlichen Theologie, einige, die im Bereich der Ausbildung tätig sind. Wir haben all diese Leute zusammengeholt und sie gebeten: »Helft uns. Helft uns, die alten Schätze wieder auszugraben!« Und sie haben uns geholfen.

Dabei ist das Folgende herausgekommen. Und nein, es ist kein Programm. Es sind wenige, einfache Punkte, denen wir uns verpflichtet fühlen:

»Wir suchen Liebe.« Wir alle wollen einfach nur geliebt werden. Wir sind Geschöpfe Gottes, der, wie die Bibel sagt, die Liebe ist. Wir sind geschaffen, um geliebt zu werden und andere zu lieben.

»Wir suchen Freiheit.« Jedes Kind Gottes soll frei atmen können.

»Wir suchen die Fülle des Lebens.« Kein Low-Budget-Ding, sondern das echte, wahre Leben.

Und das alles lässt sich wohl so zusammenfassen: »Wir suchen Jesus.« Wir, die wir uns als Christen bezeichnen, suchen einfach Jesus.

Die Menschen, die wir gefragt haben, nannten uns sieben Praktiken, die ihnen helfen, das umzusetzen: Es beginnt mit »Umkehr«. Ein netteres Wort für »Reue«. Wir fanden, wenn wir direkt mit dem Wort »Reue« anfangen, verschrecken wir die meisten, deshalb haben wir es »Umkehr« genannt. Aber wie auch immer man es nennt: Es geht dabei nicht darum, sich selbst zu bestrafen, sondern sich von alten Gewohnheiten, die nicht funktionieren, abzuwenden. Umkehr heißt auch umdrehen. Sich drehen wie eine Blume, die ihr Gesicht der Sonne zuwendet.

Dann folgt das »Lernen«: Lesen Sie täglich in der Heiligen Schrift, denn dort erfahren Sie etwas über die Lehre Jesu. Ich weiß nicht, ob die Bibel im Moment auf Platz eins der Bestsellerliste steht, aber bei den Christen sollte sie immer die Nummer eins sein.

Auf »Umkehr« und »Lernen« folgen »Beten« und »Gottesdienst«. Natürlich! Gebet und der Besuch eines Gottesdienstes sind eine große Hilfe, Gott besser kennenzulernen und zu verstehen, was er von uns möchte.

Und dann folgt das »Segnen«. Wir sind von Gott gesegnet, und wir sollen ein Segen für andere sein.

Der nächste Schritt ist das »Gehen«. Jesus ruft uns auf, rauszugehen und Menschen zu Jüngern zu machen. Wir sollen rausgehen und die frohe Botschaft verkünden

Und schließlich »Ausruhen«. Die Sabbatruhe steht nicht ohne Grund im ersten Buch der Bibel, in der Genesis. Selbst Gott musste sich ausruhen.

Ich möchte Sie bitten, darüber nachzudenken, ob Sie sich nicht zu einer solchen Lebensregel verpflichten können. Ich möchte Sie bitten, sich in die Hände Jesu zu begeben und danach zu leben. Diese Hilfsmittel, diese Praktiken, diese Lebensregeln können Ihnen dabei helfen.

Und es funktioniert tatsächlich. Viele haben es schon erfolgreich ausprobiert. Lesen Sie mal in den Psalmen Davids: »Am Morgen, am Mittag und bei Nacht bete ich zu dir.« (Psalm 55,17) Das beschreibt eine solche Lebensregel, eine Struktur, die Zeit und Ort festlegt, zu denen David betet.

Sie glauben dem Psalmdichter nicht? Dann nehmen Sie den Apostel Paulus. Im neunten Kapitel des 1. Korintherbriefs schreibt er, dass er trainiert »wie ein Läufer«.

Jemand hat mich mal gefragt, wie man ein opferbereites, liebevolles Leben führt. Das beste Beispiel, wie das gelingen kann, sehen wir bei einer Notärztin oder einem Feuerwehrmann: Sie haben es geübt. Wieder und wieder haben sie geübt, wie man Leben rettet. Und wenn der Moment kommt, in dem diese Fertigkeit gebraucht wird, dann können sie rasch und ohne groß darüber nachzudenken reagieren. So ist es auch mit diesen sieben Praktiken. Wenn Sie mir jetzt immer noch nicht glauben, denken Sie an das Jahr 1963 in Birmingham, Alabama. Das Alabama von damals unterschied sich drastisch von dem Alabama, das wir heute kennen. Die Familie meines Vaters stammt von dort. 1963 war Bull Connor der Sheriff von Birmingham. Es ist gut möglich, dass er sogar angesehenes Mitglied einer örtlichen Kirche war, aber das will ich gar nicht so genau wissen. In Birmingham praktizierte er beinharte Rassentrennung. Diese Stadt galt als die absolut undurchdringlichste in den gesamten Südstaaten. Deswegen beschloss Martin Luther King, dass man gerade dort Präsenz zeigen müsse, um zuerst Birmingham, anschließend die Südstaaten und schließlich das ganze Land zu verändern. Also entschieden Martin Luther King und einige andere 1963, nach Birmingham zu fahren.

Meine Tante Callie unterrichtete dort in der Baptist-Church in der Sonntagsschule. In diesem Jahr 1963 wurden vier kleine Mädchen ermordet, die heute wohl mein Alter hätten, wenn sie hätten erwachsen werden dürfen. Sie starben durch eine Bombe, die ein Mitglied des Ku-Klux-Klans in der Sonntagsschule deponiert hatte.

Im selben Jahr wurden dort junge Leute, die auf der Straße für Bürgerrechte demonstrierten, von der Polizei mit Wasserwerfern und Schäferhunden angegriffen. Jonathan Daniels, ein Weißer, der damals in den Zwanzigern war, starb als Märtyrer. Doch das Alabama, das wir heute kennen, unterscheidet sich drastisch von dem Alabama jener Zeit. Möglich wurde das durch Menschen, die bereit waren, bedingungslos, selbstlos und opferbereit zu lieben. Schwarze und Weiße. Protestanten, Katholiken, Juden und Muslime.

Während er sich auf den gewaltlosen Protest in Alabama vorbereitete, entwickelte Martin Luther King eine Art Lebensregel. Ich will sie hier wenigstens auszugsweise zitieren:

Denkt daran, dass die gewaltlose Bewegung Gerechtigkeit und Versöhnung sucht, nicht nur den Sieg.

Denkt daran, dass ihr immer liebevoll sprecht und handelt, denn Gott ist die Liebe.
Denkt daran, täglich dafür zu beten, dass Gott euch als Werkzeug benutzt.
Denkt daran, persönliche Wünsche zu opfern, damit alle Menschen frei sein können.
Denkt daran, gegenüber Freunden und Feinden gleichermaßen die Regeln der Höflichkeit zu beachten.
Denkt daran, Gottesdienst zu feiern und für andere und für die Welt zu beten.
Denkt daran, euch von der Gewalt der Faust und des Geistes fernzuhalten.
Denkt daran, euch körperlich und spirituell gesund zu halten.

Aber die erste Regel auf dieser Liste, die King unermüdlich wiederholte, lautete: *Bevor ihr demonstriert, bevor ihr protestiert, bevor ihr irgendetwas tut: Meditiert über das Leben und die Lehre Jesu.*

Bevor Sie Ihren Tag beginnen, meditieren Sie über das Leben und die Lehre Jesu. Bitte machen Sie sich das zur Regel. Niemand außer Ihnen und Gott wird es wissen, aber dennoch bitte ich Sie, es sich zur Regel machen. Bevor Sie hinüber zum Büro des Kollegen gehen und sich mit ihm unterhalten: Meditieren Sie über das Leben und die Lehre Jesu. Wenn Sie den Raum verlassen, in dem Sie gerade diese Zeilen lesen, meditieren Sie über das Leben und die Lehre Jesu. Wenn Sie wieder hereinkommen, meditieren Sie über das Leben und die Lehre Jesu.

Wir wollen uns in seine Arme werfen und Jesus die Regie überlassen.

Ich liebe die Kirche. Ich bin in sie hineingeboren und in ihr aufgewachsen. Ich bin am achten Tag meines Lebens in dieser Kirche getauft worden. Ich liebe die Kirche, weil ich durch sie Jesus kennengelernt habe. Und ich weiß und glaube fest, dass wir der Kirche und der Christenheit helfen können, ihre Seele wiederzufinden. Dann kann sie sich wieder auf den Weg der Liebe ausrichten, auf den Weg des Kreuzes, den Weg Jesu.

KAPITEL 3

Wir sind Teil von etwas, das größer ist als wir

Darum geht und macht alle Völker zu meinen Jüngern; tauft sie auf den Namen des Vaters und des Sohnes und des Heiligen Geistes und lehrt sie, alles zu befolgen, was ich euch geboten habe. Und siehe, ich bin bei euch alle Tage bis zum Ende der Welt.

Matthäus 28,19 und 20

Gott hat die schreckliche Angewohnheit, Menschen vor unmögliche Aufgaben zu stellen. Wenn Sie mir nicht glauben, fragen Sie mal Noah oder Abraham. Oder fragen Sie mal David, wie es war, gegen Goliath zu kämpfen. Oder Königin Esther, die ohne Erlaubnis dem persischen König entgegengetreten ist, was meistens mit dem Tod bestraft wurde. Oder Maria, die ein uneheliches Kind bekam.

Der Text, den wir heute den »Taufbefehl« nennen, ist ein weiteres klassisches Beispiel für solch eine unmögliche Aufgabe. Dort sagt Jesus: »Geht hin und macht alle Völker zu meinen Jüngern.« Im Markusevangelium, wo der Text länger ist, sagt er: »Geht hinaus in die ganze Welt und verkündet das Evangelium der ganzen Schöpfung.« (Markus 16,15) In der Apostelgeschichte sagt er sogar, die Jünger sollen seine Zeugen sein, und zwar *»bis an die Enden der Erde«*. (Apostelgeschichte 1,8)

Was für eine Aufgabe! Wie sollten die Jünger an die Enden der Erde gelangen? Sie wussten ja nicht mal, wo sich diese befanden! Keiner der ersten Jünger war jemals außerhalb von Palästina gewesen. Sie wussten nichts über den Rest der Welt. Marco Polo war noch nicht in Asien gewesen, Kolumbus noch nicht nach Westen gesegelt. Galileo war noch nicht geboren, und Neil Armstrong hatte noch nicht den Mond betreten. Wie geht man da an alle Enden der Erde? Und welches Verkehrsmittel soll man da nehmen?

Jesus stellte ihnen eine Aufgabe, aber er stellte ihnen keine Organisation an die Seite, die sie unterstützen konnte. Kein Geld, keine Ausrüstung, nichts! Die Jünger besaßen keine Smartphones, kein Fax, keine E-Mails, kein Internet. Jesus gab ihnen nichts mit außer einem Auftrag und einem Versprechen.

Man kann sich vorstellen, dass die Jünger Angst bekamen. Jesus hatte sie gebeten, etwas Unmögliches zu tun. »Geht hin und macht alle Völker zu meinen Jüngern.« Aber ganz allein gelassen damit hat er sie nicht. Er hat ihnen auch versprochen: »Denkt daran, ich bin immer bei euch.«

Genau dasselbe sagte Gott übrigens auch zu Mose, als er ihm auftrug, etwas Unmögliches zu tun. Erinnern Sie sich an die Geschichte? Das alte Spiritual *Go down, Moses, way down in Egyptland*, beschreibt Gottes Auftrag an ihn folgendermaßen: »Geh hin, Mose, geh nach Ägypten und sag dem Pharao, er soll mein Volk ziehen lassen.«[5] Mose sagte daraufhin zu Gott so etwas wie: »Bist du verrückt geworden, Herr? Kennst du eigentlich den Pharao? Das ist unmöglich!« Und was erwiderte Gott? Nur ein paar wenige Worte, einfach und absolut deutlich: »Ich werde mit dir sein.« (Exodus 3,12)

»Ich werde mit dir sein.« Mit anderen Worten: keine Angst, Mose, keine Angst, liebe Jünger. Keine Angst, denn

Gott ist bei euch. Und weil ihr Teil von etwas seid, das größer ist als ihr selbst, werdet ihr in der Lage sein, mehr zu tun, als ihr je gedacht hättet. Ihr könnt sogar das Unmögliche schaffen.

Als Christen sind wir ebenfalls Teil von etwas Größerem. Wenn das nicht so wäre, würden wir uns bald im Verwalten des täglichen Einerleis verlieren. Aber wenn wir unser Leben in dem tiefen Wissen führen, dass Gott immer bei uns ist, verändert sich unsere Perspektive radikal: Berge, die uns unglaublich hoch vorkommen, sind plötzlich gar nicht mehr so hoch, und Täler, die uns entsetzlich tief vorkommen, sind gar nicht mehr so tief.

Jesus wusste um dieses Geheimnis. Deshalb konnte er die ersten Jünger mit einem Auftrag losschicken, zu dessen Erfüllung sie eigentlich vollkommen unfähig waren.

Menschen, die bereits mit den Schwierigkeiten des Lebens zu kämpfen hatten, kennen das: Wenn wir die Dinge so hinnehmen, wie sie eben sind, dann ist es schwer, an Veränderung zu glauben. Aber wenn wir als Teil von etwas leben, das größer ist als wir, dann beginnen wir zu ahnen, dass Veränderung möglich ist.

Als Jesus einen Monat alt war, brachten Maria und Josef – einem alten Brauch folgend – das Kind in den Tempel, um den kleinen Jesus dem Herrn zu weihen. Damit betteten sie sein Leben ein in die lange Geschichte des jüdischen Volkes, sie bestätigten seine wahre Identität, dass er nämlich Teil vom Volk Gottes war. Und diese Realität war größer als die bedrückende Wirklichkeit des jüdischen Alltags, in dem sie von den Römern unterdrückt und ausgebeutet wurden. Mit diesem Akt verkündeten Maria und Josef, dass das Leben ihres Sohnes ebenso wie ihr eigenes Teil von etwas Größerem war.

Das Gute ist: Der Gott, der hinter diesem »Größeren« steht, übertrifft alles, was sich uns in den Weg stellen könnte. Im ersten Johannesbrief heißt es: »Er, der in euch ist, ist größer als jener, der in der Welt ist.« (1. Johannesbrief 4,4) Anselm von Canterbury schrieb, dass Gott das Größte ist, was gedacht werden kann. Und eine Bischöfin pflegte zu sagen: »Der Gott hinter euch ist größer als jedes Problem vor euch.«

Nur im Wissen um diese Tatsache kann Jesus zu uns sagen: »Geht hin und macht zu Jüngern alle Völker.« Nur deswegen können wir selbst unmögliche Missionen bewältigen: Weil wir Teil von etwas sind, das größer ist als wir.

Als meine Geschwister und ich Kinder waren, setzte sich mein Vater eines Abends mit uns hin, um etwas zu besprechen. Wir spürten, dass etwas in der Luft lag. Gemeinsam mit einigen anderen Geistlichen in unserer Gemeinde engagierte er sich damals für die Bürgerrechte. An diesem Abend sagte mein Daddy, dass er am nächsten Tag an einem Protest teilnähme und es sein könne, dass er dafür ins Gefängnis müsse. Und dann fügte er etwas hinzu, das ich bis heute nicht vergessen habe: »Ihr müsst immer bereit sein, euch für eine größere Sache hinzugeben. Unser Leben ist Teil von etwas, das größer ist als wir.«

Ein paar Jahre später, als meine Mutter ins Koma fiel, erinnerte ich mich an seine Worte. Sie hatte seit einer Kopfverletzung in ihrer Kindheit ein Aneurysma gehabt.

Fast ein Jahr lang blieb sie in diesem Zustand, bis sie irgendwann in ein Pflegeheim kam. Aber das bedeutete nicht, dass sie von nun an nicht mehr Teil unseres Lebens war. Als Familie verbrachten wir jeden Abend Zeit bei ihr. Wir Kinder machten unsere Hausaufgaben im Pflegeheim, wir schauten fern, lebten als Familie neben ihrem Bett, nahe bei unserer Mutter, die im Koma lag. Bevor wir nach Hause gingen, beteten wir immer. Daddys Gebete waren in der Regel ziemlich kurz. Aber Großmutter unterhielt sich gern ein Weilchen mit Jesus. Ein relativ langes Weilchen.

Damals habe ich etwas Wichtiges gelernt: Das Leben kann ganz schön hart sein. Aber ein Leben im Angesicht Gottes ist trotzdem ein triumphales Leben, selbst in den wirklich schwierigen Momenten.

Als meine Mutter etwas später starb, dachte ich noch einmal darüber nach, was Daddy gesagt hatte, darüber, dass wir Teil von etwas Größerem sind. Die Erinnerung an seine Worte half mir sehr. Ein Leben, das von einem tiefen und echten Glauben an Gott getragen wird, wird nicht unter den Bedingungen geführt, die das alltägliche Leben uns diktiert. Über allen Schwierigkeiten steht immer die Hoffnung auf den letztgültigen Sieg Gottes.

Jesus hat die ersten Jünger mit einem Auftrag losgeschickt, der ganz klar unmöglich war. Und ich glaube, dieser Auftrag gilt bis heute. Er begeistert mich, gibt mir Kraft und Energie. Und er macht mir eine Todesangst. Doch wie sagte Martin Luther King einmal: »Gott kann aus dem Felsen der Verzweiflung einen Stein der Hoffnung schlagen.«[6]

Gott ist jederzeit in der Lage, einen Weg zu bahnen, wo es keinen Weg gibt.

Und wenn wir Jesus als unserem Retter und Herrn wirklich folgen, dann werden wir feststellen, dass wir tatsächlich in der Lage sind, das zu tun, was Christen schon seit Jahrhunderten tun: das Unmögliche.

KAPITEL 4

»Hinaus auf das wilde, unruhige Meer!«

Plötzlich erhob sich ein heftiger Wirbelsturm und die Wellen schlugen in das Boot, sodass es sich mit Wasser zu füllen begann. Er aber (Jesus) lag hinten im Boot auf einem Kissen und schlief. Sie weckten ihn und riefen: Meister, kümmert es dich nicht, dass wir zugrunde gehen? Da stand er auf, drohte dem Wind und sagte zu dem See: Schweig, sei still! Und der Wind legte sich und es trat völlige Stille ein.

Markus 4,37–39

Der Theologe Theodore Wedel hat einmal ein Gleichnis erzählt:

An einer gefährlichen Meeresküste, an der immer wieder Schiffe strandeten, befand sich eine einfache kleine Rettungsstation. Es war nur eine kleine Hütte, es gab nur ein einziges Boot, aber die wenigen Mitglieder beobachteten mit Hingabe ständig das Meer. Und sie fuhren, wenn nötig, bei Tag und Nacht unermüdlich hinaus, um Menschenleben zu retten, ohne an sich selbst zu denken.[7]

Das Gleichnis erzählt weiter, dass die Besatzung der Station für ihre Tapferkeit und Hingabe weithin bekannt wird. Andere Helfer schließen sich ihnen an, und die Station wächst. Irgendwann machen sich einige Mitglieder Gedanken über den schlechten Zustand des Gebäudes und der Boote. Sie sorgen für einen Umbau des Hauses, sodass alles danach ein bisschen flotter aussieht, und kaufen neue Boote. Aber im Laufe der Zeit verändern sich die Dinge. Man spricht nicht mehr von einer Hilfsstation, sondern von einer *Gesellschaft für Lebensrettung*. Und die Mitglieder dieser *Gesellschaft* fahren nicht mehr selbst hinaus, um Schiffbrüchige zu retten, sondern stellen Spezialisten dafür ein. Damit alles immer anständig und sauber aussieht, bauen sie noch ein zweites Haus, in dem die Geretteten untergebracht werden. Und nach einer Weile haben die meisten vergessen, dass das Retten von Menschenleben einmal die Haupttätigkeit der Gemeinschaft war. Nur ein symbolisches Rettungsboot in dem Saal, wo feierlich neue Mitglieder aufgenommen werden, erinnert noch an den ursprünglichen Zweck.

Zum Glück entstehen überall an der Küste weitere Rettungsstationen, aber jedes Mal passiert dasselbe: Alle werden nach einer Weile zu *Gesellschaften für Lebensrettung*. Die Erzählung endet mit den Worten: »Nach wie vor gibt es viele Unglücke an dieser Küste, aber inzwischen ertrinken die meisten Schiffbrüchigen.«

In der Bibel ist das Meer, wie ein Forscher einmal geschrieben hat, oft »ein Symbol für Turbulenz und Unruhe«[8]. Im Buch Exodus behindert das Rote Meer den Weg in die Freiheit, bis Gott einen Weg durch die Unwegsamkeit schafft. (Exodus 14) Jona betet um Erlösung, nachdem ihn die Seeleute ins tiefe Meer geworfen haben. (Jona 1 und 2) Und die Dichtung des Alten Testaments spricht von dem Leviathan – dem großen Meeresungeheuer – als der ›Quelle des Chaos‹ in Gottes Schöpfung. (z. B. Hiob 41,1; Psalm 74,14; Psalm 104,26; Jesaja 27,1)

Im Neuen Testament ist das Meer oft ein Ort der Versuchung und Unsicherheit: Paulus erleidet Schiffbruch. (Apostelgeschichte 27,13–44) In der Offenbarung jubelt Johannes mit Blick auf Gottes neue Schöpfung, dass es kein Meer mehr gibt. (Offenbarung 21,1) Ich denke aber vor allem an die Geschichte im vierten Kapitel des Markusevangeliums, die ich zu Beginn dieses Kapitels zitiert habe. Jesus weist seine Jünger an, bei Nacht über den See Genezareth zu fahren. Es dauert nicht lange, und der schöne blaue See wird zu einem bewegten, stürmischen, gefährlichen und unsicheren Gewässer. Doch während die Jünger gegen die Wellen ankämpfen, schläft Jesus seelenruhig im Bug des Bootes. Endlich schreit einer der Jünger laut auf: »Herr, kümmert es dich denn gar nicht, dass wir untergehen?« Jesus wacht auf und befiehlt dem Wind und den Wellen, still und friedlich zu sein. Seine Worte erinnern an den Psalm 46, wo es heißt: »Sei still und erkenne, ich bin Gott!« (Psalm 46,11) Dann wendet sich Jesus an seine Jünger und fragt sie, warum sie sich fürchten und ob sie denn immer noch keinen Glauben haben. (Markus 4,40)

Ein Kirchenlied, das ich sehr gerne singe, hat den Text: *Jesus ruft uns. Durch den Tumult des wilden, ruhelosen Meeres, das sich unser Leben nennt, hören wir ihn. Bei Tag und bei Nacht erklingt seine klare Stimme: Christen, folgt mir.*[9]

Gerne würde ich ein Wort in der ersten Zeile ändern. Mir wäre es lieber, wenn es heißen würde »Jesus ruft uns *in* den Tumult des wilden, ruhelosen Meeres, das sich unser Leben nennt.« Denn ich glaube, dass Jesus uns nicht über unser wildes Leben hinweg ruft, sondern mitten hinein in dieses aufgebrachte, erschreckende Meer. Dass er uns dazu aufruft, uns der Mannschaft seiner Rettungsstation anzuschließen und aufs Meer hinauszufahren, um diejenigen zu retten, die sonst verloren sind. Jesus ruft uns nicht dazu auf, von der sicheren Küste aus Dienst zu tun. Er ruft uns mitten in den Sturm hinein.

Auch Dietrich Bonhoeffer, der als Pfarrer das Evangelium mitten im Aufruhr der nationalsozialistischen Herrschaft verkündigte, erkannte, dass Jesus in eine radikale Jüngerschaft ruft. Eine Jüngerschaft, die auch nicht haltmacht, wenn es schwierig wird. Bonhoeffer zahlte für seinen Glauben den höchsten Preis – er wurde von den Nazis hingerichtet. Kurz vor seinem Tod schrieb er: »Die Kirche ist nur dann Kirche, wenn sie für andere da ist.«[10] Wenn ich die Texte von Dietrich Bonhoeffer lese, muss ich an Jesu Worte denken:

Wenn einer hinter mir hergehen will, verleugne er sich selbst, nehme sein Kreuz auf sich und folge mir nach. Denn wer sein Leben retten will, wird es verlieren; wer aber sein Leben um meinetwillen und um des Evangeliums willen verliert, wird es retten. Was nützt es einem Menschen, wenn er die ganze Welt gewinnt und sein Leben einbüßt?
Markus 8,34–36

Jesus ruft uns auf, ihm nachzufolgen, hinaus auf ein tosendes Meer, damit wir Gottes Plan für die Welt umsetzen. Bei Markus hören wir von einem großen Sturm und von Wellen, die ins Boot schlagen. Könnte dieses wilde, ruhelose Meer ein erschreckend treffendes Bild von unserer Welt sein? Ich denke schon. Ich sehe es an den Konflikten im Irak, Afghanistan, Israel/Palästina und dem Sudan. Ich höre es im unablässigen Trommelschlag des Terrorismus. Ich sehe es in der AIDS-Pest, die auf dem afrikanischen Kontinent Menschenleben vernichtet. Ich sehe es in den schlimmen Bedrohungen durch den Klimawandel. Ich sehe es in den Spaltungen, die unsere christliche Kirche, die nationale und die globale Gemeinschaft bedrohen. Ich sehe es in den vielen Kindern, die immer noch in Armut leben. Der Auftrag einer Kirche, die Christus nachfolgen will, wird immer dem einer Rettungsstation gleichen.

Der Busboykott von Montgomery Mitte der Fünfzigerjahre wurde zum Katalysator für die Bürgerrechtsbewegung. Ihre Anführer um Martin Luther King wollten die Gesetze und die Kultur der Rassentrennung mit gewaltfreien Mitteln überwinden. Aber ihre Bemühungen hatten einen hohen Preis. Gewalttätige Banden verbreiteten Terror auf den Straßen. Auf einige Anführer wurden Bombenanschläge verübt. Die Gewalt und die Gefahr wuchsen dramatisch. Ein früherer Zimmerkamerad meines Vaters im Priesterseminar wurde von Gegnern des Boykotts fast zu Tode geprügelt. Die Menschen von Montgomery befanden sich auf einmal mitten auf einem wilden Meer.

Später erinnert sich King an eine Begebenheit, die ihm ein paar Monate nach dem Boykott widerfahren war, zu einem Zeitpunkt, an dem die Anfangsenergie der Bürgerrechtsbewegung stark nachließ. Nach einer Demonstration kam er erschöpft nach Hause. Seine Frau und seine kleine Tochter schliefen schon, und King legte sich ebenfalls hin. Ein paar Stunden später weckte ihn das Telefon. Als er abhob, bedrohte ein anonymer Anrufer ihn und seine Familie mit dem Tod. Dann hängte der Mann auf.

King erzählt, dass er danach hellwach war. Er ging nach unten und machte sich einen Becher Kaffee. Dann versuchte er zu beten, aber er konnte nur noch weinen. Die Tränen liefen ihm übers Gesicht. Er dachte: »Ich stehe für etwas ein, von dem ich glaube, dass es richtig ist. Aber jetzt habe ich einfach nur Angst. Die Menschen wollen, dass ich sie führe, aber wenn ich ohne Kraft und Mut vor ihnen stehe, werden sie ebenfalls wanken. Ich bin am Ende meiner Kraft. Es ist nichts mehr übrig. Ich schaffe es nicht mehr.«

Aber dann geschah etwas. Mitten in dem Sturm, der um ihn herum tobte, so erzählte King, spürte er auf einmal die Gegenwart Gottes, wie er sie noch nie erlebt hatte. Er hörte eine Stimme, viel klarer und kraftvoller als die Stimme am Telefon oder die in seinen Gedanken. Eine starke, zuversichtliche innere Stimme, die ihn drängte: »Setz dich weiter für das Recht ein. Für die Wahrheit. Gott wird immer an deiner Seite sein.« Und diese Erfahrung mit dem wahren, lebendigen Gott bewirkte, dass er nicht aufgab. Er verfolgte sein Ziel weiter, zu dem Jesus ihn rief. (vgl. Philipper 3,14)[11] Verna J. Dozier schreibt:

Wenn wir uns auf das Reich Gottes einlassen, gehen wir immer ein Risiko ein. Dann sehen wir wie durch einen verschwommenen Spiegel. Ich will dem nachleben, was ich heute darin erkenne. Morgen finde ich vielleicht heraus, dass ich mich geirrt habe. Dann ist es so. Da ich nicht davon lebe, recht zu haben, ist es auch nicht schlimm, wenn ich mich irre. Der Gott, der sich in Jesus offenbart, den ich Christus nenne, dieser Gott geht mir mit seiner Vergebung voran. Seine Liebe erhält mich und die ganze Schöpfung.[12]

Unsere Kirche lebt in schwierigen Zeiten. Manchmal wissen wir kaum, wie wir uns entscheiden und welchen Weg wir einschlagen sollen. Aber wir geben nicht auf. Wir werden nicht müde, auch nicht mitten im Sturm. Wir wollen uns nicht zu denen gesellen, die zurückschrecken, wie die Bibel sagt. Wir wollen uns nicht damit zufriedengeben, eine *Gesellschaft für Lebensrettung* zu sein. Jesus ruft uns dazu auf, eine Rettungsstation zu sein und denjenigen zu helfen, die da draußen ertrinken; er ruft uns dazu auf, den Sturm zu stillen und ihm an Orte zu folgen, die verstörend und herausfordernd sind.

Gott hat uns, alle Menschen dieser Welt, als eine Familie erschaffen. Und als Schwestern und Brüder, zu denen Jesus uns macht, befolgen wir Gottes Auftrag, die frohe Botschaft von seiner Gnade, seiner Gerechtigkeit und seiner Liebe zu verkünden. Auch auf einem wilden, ruhelosen Meer.

KAPITEL 5

Den Traum Gottes leben

Josephs Brüder sagten zueinander: »Siehe, da kommt ja dieser Träumer. Jetzt aber auf, erschlagen wir ihn und werfen wir ihn in eine der Zisternen. Sagen wir, ein wildes Tier hätte ihn gefressen. Dann werden wir ja sehen, was aus seinen Träumen wird.«

Genesis 37,19 f.

Besonders schön an den Beschreibungen der Familien und Haushalte in der Bibel ist ja, dass sie so echt sind. Wenn man unter die Oberfläche schaut, unter all die Heiligenscheine, mit denen wir sie versehen haben, findet man wirkliche Menschen. Tatsächliche und wunderbar menschliche Menschen. Die Bibel kehrt nichts unter den Teppich. Die biblischen Autoren legen alles offen: das Gute, das Böse und auch das Katastrophale. Die Tugenden der Menschen, von denen erzählt wird, sind echt. Aber ihre Laster sind noch echter. Die Gnade, der Schrecken, die Größe und die Kleinlichkeit – alles da. Echte Menschen eben.

Und so ist auch Gott – absolut echt. Durch die guten und die bösen Menschen und auch in vielen Katastrophen ist er am Werk. Er verwandelt die Menschen und ihr Leben gemäß seinem guten, gnädigen Zeitplan.

Das gilt auch für die Familie von Jakob, Rahel und Lea, in der Josef ein Kind unter vielen Geschwistern war. Die Eltern unter uns wissen, dass es nicht gut ist, Lieblingskinder zu haben. Das ist nicht erst heute so, auch die Menschen in der Bibel wussten das. Sie brauchten dafür weder den Rat eines Psychologen noch den eines Kinderarztes. Und doch heißt es in der Bibel, dass Jakob seinen Sohn Josef mehr liebte als alle anderen Kinder. (Genesis 37,3)

Aus dieser Liebe heraus schenkte Jakob ihm ein besonderes Gewand. In unseren Bibelübersetzungen wird es unterschiedlich beschrieben, als »bunter Rock«[13], als »besonders vornehmes und prächtiges Gewand«[14] oder als »Ärmelrock«[15]. In jedem Fall sah es aus wie ein Gewand, das jemand aus der Königsfamilie trägt, jemand, der nicht viel arbeiten muss.

Weil Josef einen solch privilegierten Status genoss, hatte er Zeit und Gelegenheit zum Träumen. Seine Brüder schufteten auf den Feldern – Josef träumte. Sie hüteten unter der heißen Sonne Palästinas ihre Herden – Josef träumte. Sie schützten ihre Familie, ihr Haus und die Herden vor Raubtieren – Josef träumte. Er schlenderte durch die Gegend, hielt seine Nase hoch in die Luft, reizte seine Brüder bis aufs Blut – und träumte.

Es wird wohl niemanden überraschen, dass in einer solchen Situation die Geschwisterrivalität ihr hässliches Haupt erhebt. Die anderen Brüder verschworen sich gegen ihn. Irgendwann sagten sie zueinander: »Siehe, da kommt ja dieser Träumer. Jetzt aber auf, erschlagen wir ihn und werfen wir ihn in eine der Zisternen. Sagen wir, ein wildes Tier hätte ihn gefressen. Dann werden wir ja sehen, was aus seinen Träumen wird.« (Genesis 37,19 f.)

Aber am Ende töteten sie Josef doch nicht. Jemand oder etwas hinderte sie daran. Jemand mit einem Plan, der größer war als der der Brüder. Jemand mit einem Traum, der größer war als die Träume Josefs.

Die Brüder verkauften Josef an Sklavenhändler, die ihn mit nach Ägypten nahmen. (Genesis 37,26–28) Doch am

Ende, so erzählt uns die Bibel, rettet der Träumer Josef nach vielen Aufs und Abs seine ganze Familie vor Hungersnot und dem sicheren Tod – alles wegen seiner Träume. Am Ende der Geschichte werden wir Zeugen der unglaublichen Versöhnung zwischen Josef und seinen Brüdern – alles wegen seiner Träume. (Genesis 45)

Der Grund, der all das ermöglichte: Josefs Träume waren Bruchstücke eines größeren Traums. Gottes Traum nämlich. Gottes Traum »für die ganze Menschenfamilie und die gesamte Schöpfung«, wie Verna J. Dozier ihn bezeichnet.[16]

Eines Nachts, als ich zehn Jahre alt war, traf sich eine Gruppe von Geistlichen und Gemeindeleitern in unserem Wohnzimmer. Ich war schon immer gern mitten im Geschehen, also blieb ich dort, während die Erwachsenen redeten. Ich verstand nicht alles, worüber sie diskutierten, aber es war klar, dass sie an der Durchführung eines wichtigen Plans arbeiteten. Tatsächlich wollten sie mit einem Bus nach Washington fahren, um an einer Versammlung teilzunehmen, die für den August dieses Jahres angesetzt war. Es war das Jahr 1963, und es ging um den Marsch auf Washington. Ich stelle mir vor, dass sie damals – während sie die Details ausarbeiteten, Finanzierungsmöglichkeiten besprachen, Konflikte untereinander beilegten und die ganze Bewegung organisierten – gar nicht begriffen, dass sie Teil eines größeren Plans waren.

Bei diesem Marsch formulierte Martin Luther King das, was er den Traum von einem neuen Amerika nannte. Von einem Land, in dem Freiheit und Gerechtigkeit für alle herrschen. Er verkündete, dass dieser Traum »tief in dem amerikanischen Traum verwurzelt ist«, dass »diese Nation sich eines Tages erheben und die wahre Bedeutung ihres Bekenntnisses leben wird«, und: »Wir halten es für selbstverständlich, dass alle Menschen gleich erschaffen sind.«[17] Tatsächlich reicht dieser Traum, von dem King sprach, viel tiefer als der amerikanische Traum. Er ist so tief und alt wie Thomas Morus' Idee von Utopia oder Dantes Vision der verwandelnden Liebe Gottes. Er ist so tief und alt wie der Traum des Franz von Assisi, der all seinen Besitz aufgab, um den Armen die frohe Botschaft zu predigen. Er ist so tief und alt wie der Traum des Johannes, der auf der Insel Patmos einen neuen Himmel und eine neue Erde sah, in der es kein Leid mehr gibt, keine Not und keinen Krieg. (Offenbarung 21,1–4) Er ist so tief und alt wie der Taufbefehl, der uns auffordert, alle Völker zu Jüngern zu machen, Brücken zu bauen, Grenzen einzureißen und Gottes Reich zu errichten. (Matthäus 28,19 f.) Dieser Traum ist so tief und alt wie der Traum des Predigers in der Wüste, der rief: »Tut Buße, denn das Himmelreich ist nahe.« (Matthäus 3,2) Er ist so tief und alt wie die Messias-Vision des Propheten Jesaja, der davon sprach, dass Wolf und Lamm zusammenleben und dass die Menschen einander auf dem Heiligen Berg nicht mehr verletzen werden, »denn das Land ist erfüllt von der Erkenntnis des Herrn, so wie die Wasser das Meer bedecken«. (Jesaja 11,6–9) Er ist so tief und alt wie der Traum des Mose, der vor dem Pharao stand und diesem sagte: »So spricht der Herr, der Gott der Hebräer: Lass mein Volk ziehen.« (Exodus 9,1)

Letztlich ist dieser Traum so tief und alt wie die ganze Schöpfung, die entstand, als »alle Morgensterne jauchzten, als jubelten alle Gottessöhne«. (Hiob 38,7) Er ist so tief und alt wie die Worte Gottes, der aus der unendlichen Tiefe einer grenzenlosen Liebe heraus den Anfang setzte: »Es werde.« Und es ward. (Genesis 1,3) So ist dieser Traum.

Der Traum Gottes spricht von seiner leidenschaftlichen Liebe, die Versöhnung, Vereinigung und Einheit zwischen Gott und allen seinen Kindern sucht. Martin Luther King sagte: »Das Kreuz ist der ewige Ausdruck der Anstrengungen, die Gott unternimmt, um die zerbrochene Einheit wiederherzustellen. Die Auferstehung ist das Symbol des göttlichen Triumphs über alle Kräfte, die diese Einheit verhindern wollen. Der Heilige Geist ist die fortwährende, Gemeinschaft schaffende Wirklichkeit, die sich durch die Geschichte zieht.«[18]

Das bedeutet auch: Ich muss anerkennen, dass Gott mich nicht erschaffen hat, weil er mich braucht. Gott hat mich erschaffen, weil er mich liebt. Das ist Ihnen vielleicht nicht neu, aber für mich war diese Erkenntnis ein Moment der Offenbarung. Gott braucht mich nicht, tatsächlich bereite ich ihm sogar furchtbar viel Kopfzerbrechen. Und ich verrate Ihnen ein Geheimnis: Sie auch. Gott hat uns nicht erschaffen, weil er uns braucht. Er hat uns erschaffen, weil er uns liebt.

In meiner Bibel heißt es, dass Gott Liebe ist. (1. Johannesbrief 4,8) Und Liebe, so lehrt uns Paulus im 13. Kapitel des ersten Korintherbriefes, ist nicht unhöflich und bläst sich nicht auf, sie besteht nicht auf ihrem eigenen Willen, sondern schafft Raum für andere, für neue Möglichkeiten und Chancen. Die Schöpfung ist nicht das Ergebnis eines Bedürfnisses, das Gott hatte, sondern das Ergebnis seiner Liebe. Wir sind erschaffen durch die Liebe, für die Liebe, um zu lieben und um geliebt zu werden. Und am besten geht es uns, wenn wir in Gottes Liebe leben, denn sie ist der Ursprung von allem.

Deshalb sagt Jesus: »Du sollst den Herrn, deinen Gott, lieben mit ganzem Herzen, mit ganzer Seele und mit deinem ganzen Denken. Das ist das wichtigste und erste Gebot. Ebenso wichtig ist das zweite: Du sollst deinen Nächsten lieben wie dich selbst. An diesen beiden Geboten hängt das ganze Gesetz und die Propheten.« (Matthäus 22,37–40) Die Liebe zu Gott, untereinander und zu uns selbst ist der Schlüssel zum Leben. Der Traum Gottes strebt nach dieser liebevollen Einheit, in der wir mit unserem Gott versöhnt und vereint sind, miteinander und mit der ganzen Schöpfung.

Vor ein paar Jahren bekam ich eine Mail, mit der mir großzügigerweise nicht nur angeboten wurde, meine Familiengenealogie erforschen zu lassen. Man wollte mir sogar den Stammbaum der Familie Curry verkaufen. Der Text dieser Spamnachricht lautete in etwa so: »Michael Curry, wir haben Ihre Vorfahren bis nach Irland zurückverfolgt. Sie haben jetzt Zugang zu Ihrem Familiensiegel, der Genealogie Ihrer Familie und Informationen über Ihre Verwandten.«

Als Nachfahre afrikanischer Sklaven habe ich darüber sehr gelacht. Aber wer weiß, vielleicht mache ich mit meiner Familie ja doch noch mal eine Pilgerfahrt ins Land meiner angeblichen Vorfahren.

Aber ich habe aus dieser Mail auch etwas gelernt. Im ersten Moment musste ich lachen, weil ich nun wirklich keine Verwandten in Irland habe. Aber dann dachte ich: Moment. Eigentlich habe ich dort schon Verwandte! Tatsächlich habe ich sogar ziemlich viele Verwandte in Irland, in Gottes Augen jedenfalls. Schließlich glaube ich daran, dass alle Menschen von demselben Gott erschaffen sind. Von dem einen Gott, der uns alle liebt.

In dem alten Lied *There is a balm in Gilead* heißt es:
Es gibt eine Salbe,
die Verwundete heilt.
Es gibt eine Salbe,
die zerstörte Seelen gesund macht.

Wenn du nicht predigen kannst wie Petrus
und nicht beten wie Paulus,
dann erzähle einfach von der Liebe Jesu.
Sag es allen: »Er ist für uns gestorben.«[19]

Desmond Tutu hat einmal geschrieben: »Gott hat uns auf diese Erde geschickt, damit wir ihm helfen, seinen Traum wahr zu machen. Den Traum von einer neuen Gesellschaft, die sanft, fürsorglich, mitfühlend und mitteilend ist. Jesus sagt: ›Wenn ich von der Erde zum Himmel auffahre, werde ich alle Menschen mit mir ziehen.‹ Es gibt keine Außenseiter und keine Fremden. Alle, alle sind Insider. Alle gehören dazu. Schwarz und Weiß, Reich und Arm, Jung und Alt,

Männer und Frauen, Gebildete und Ungebildete, Schwule, Lesben und Heteros. Wir alle gehören zur Familie Gottes, seinem Regenbogenvolk. Und Gott braucht uns, damit sein Traum wahr wird.«[20]

Im Katechismus meiner Kirche heißt es: »Auftrag der Kirche ist es, alle Menschen in Christus zur Einheit zu führen, mit Gott und miteinander.«[21] Und Paulus spricht von einem Gott, »der uns durch Christus mit sich versöhnt und uns den Dienst der Versöhnung aufgetragen hat«. (2. Korintherbrief 5,18) Gott beruft die Kirche zu einer Einheit von Jüngern, die Jesus Christus nachfolgen. Menschen, die Gottes Traum verwirklichen wollen, der die gesamte Schöpfung umfasst.

Wenn wir zusammenkommen, um Gott, unseren Schöpfer, anzubeten, dann geht es um diesen Traum. Wenn wir andere einladen, unseren Glauben zu teilen, dann geht es um diesen Traum. Wenn wir das Evangelium verkündigen und anderen dienen, dann geht es um diesen Traum. Wenn wir Initiativen für Gerechtigkeit und Frieden gründen, dann geht es um diesen Traum. Wenn wir uns mit anderen zusammentun, um eine bessere Welt zu bauen, dann geht es um diesen Traum. Es geht um den Traum Gottes, seine Liebe, die unser Leben bestimmt und verwandelt – und damit das Leben der ganzen Welt.

Es ist kein Zufall, dass das Matthäusevangelium so häufig von Träumen spricht, wenn es die Geschichte von Jesu Geburt erzählt. Der Josef im Matthäusevangelium ist ebenso ein Träumer wie der im Buch Genesis. Als er erfährt, dass seine Verlobte Maria schwanger und er nicht der Vater des Kindes ist, will er die Verlobung lösen. Viele von uns halten das wahrscheinlich für eine vernünftige Reaktion. In Josefs Wirklichkeit, die geprägt war von der gesellschaftlichen Situation, in der er lebte, war ebenso wenig Platz für Wunder wie in unserer. Aber dann träumt Josef, und dieser Traum verändert alles. Das Evangelium erzählt uns davon, dass Josef ein Engel des Herrn erscheint, der sagt: »Josef, Sohn Davids, fürchte dich nicht, Maria als deine Frau zu dir zu nehmen; denn das Kind, das sie erwartet, ist vom Heiligen Geist. Sie wird einen Sohn gebären; ihm sollst du den Namen Jesus geben; denn er wird sein Volk von seinen Sünden erlösen.« (Matthäus 1,20 f.)

Josef erfährt durch diesen Traum, dass das neue Leben in Marias Leib ein Wunder Gottes ist. In Jesus wird der Traum Gottes – seine größte Sehnsucht – Fleisch und wohnt unter uns. George Bernard Shaw hätte auch von dem Josef des Matthäusevangeliums sprechen können, als er schrieb: »Manche Menschen sehen die Dinge, wie sie sind, und fragen: *Warum?* Andere träumen Dinge, die nie waren, und fragen: *Warum nicht?*«[22]

Wir wissen um unseren Auftrag, Gottes Traum zu leben. Wir sind der Leib Christi, Jünger unseres Herrn Jesus, der uns kühn und liebevoll losschickt, diesen Traum wahr zu machen. Die Frage ist nur, wie geht das? Wie können wir dabei mithelfen?

Zunächst einmal müssen wir uns ansehen, was Gott schon in unserem eigenen Leben bewirkt hat. Wenn wir die gute Nachricht Jesu mit anderen teilen, dann müssen wir sie so teilen, wie wir sie selbst erlebt haben.

Und wenn wir Gottes Traum wahr machen wollen, müssen wir auch erkennen, wie der Heilige Geist in dieser Welt wirkt. Dafür ist es wichtig, dass wir uns Zeit zum Beten nehmen. Wenn meine Großmutter vor einer wichtigen und komplexen Entscheidung stand, sagte sie oft: »Darüber muss ich erst beten.« Das hieß, sie fragte Gott, was er davon hielt, und versuchte, das Problem aus seiner Perspektive zu betrachten. Erst wenn sie spürte, wie Gottes Antwort aussah, traf sie ihre Entscheidung.

Außerdem müssen wir offen für die Hinweise des Heiligen Geistes sein, der uns eine Welt zeigt, die nach der Guten Nachricht hungert. Jesus hat uns das gelehrt, als er sagte: »Ihr seid das Licht der Welt«, und weiter: »So soll euer Licht vor den Menschen leuchten, damit sie eure guten Taten sehen und euren Vater im Himmel preisen.« (Matthäus 5,14–16)

Einige Tage nach dem Terroranschlag vom 11. September 2001, als die ersten Flugzeuge wieder starteten, flog ich zu einer kirchlichen Versammlung nach New York. Auf diesem Flug saß ich neben einem Mann, der aussah, als käme er aus dem Nahen Osten. Ich halte mich nicht für einen Rassisten, aber ich gebe zu, ich hatte Hemmungen, mich neben ihn zu setzen, ganz einfach, weil ich mich fragte, ob er vielleicht ein Terrorist sein könnte. Es stellte sich dann heraus, dass er ein Amerikaner pakistanischer Herkunft war, ein Arzt auf dem Weg zu einer Konferenz. Wir unterhielten uns, zeigten uns Familienfotos, und die ganze Zeit über hatte ich ein schlechtes Gewissen, weil ich ihn aufgrund seines Aussehens so vorschnell verurteilt hatte. Im Laufe des Gesprächs bat er mich, mit ihm zu beten. Ich bin zwar Bischof, aber trotzdem wusste ich in diesem Moment nicht so recht, wie ich das machen sollte. Mit Juden hatte ich schon öfters zusammen gebetet, aber noch nie mit einem Muslim. Schließlich habe ich es, trotz unserer unterschiedlichen Traditionen, einfach gewagt. Ein Gebetstreffen auf 20 000 Fuß Flughöhe – was für eine Freude. Wir hielten uns an den Händen, und ich wusste, Gott war da. Tief in meinem Herzen wusste ich, dass ich genau das tat, was Jesus auch getan hätte. Ich folgte meinem Herrn.

Während wir beteten, konnte ich den Traum sehen – den Traum von einer Welt, in der das Evangelium der Liebe gelebt und wahr gemacht wird. Den Traum von einer Welt, in der Brücken der Liebe und Autobahnen der Gerechtigkeit alle Grenzen überwinden. Den Traum von einer Welt ohne Hunger, ohne Krieg, ohne Armut, ohne Leid, ohne Verletzungen. Den Traum von einer Menschheit, die versöhnt ist – mit Gott, untereinander und mit der ganzen Schöpfung.

Wir müssen Träumer werden, so wie es die beiden Männer namens Josef einst waren. Wir müssen uns den Traum Gottes wieder ganz neu auf unser Herz legen lassen und ihn dann zu unserem persönlichen Auftrag machen. Wir müssen diesen Traum leben, sodass »das Recht ströme wie Wasser, die Gerechtigkeit wie ein nie versiegender Bach«. (Amos 5,24) Wir müssen diesen Traum leben, bis jeder Mann und jede Frau »Schwert und Schild unten am Fluss ablegt, um nie wieder Krieg zu führen«. (Micha 4,4; Jesaja

2,4) Wir müssen diesen Traum leben, bis jedes Tal erhöht und jeder Berg eingeebnet ist. Wir müssen ihn leben, bis alles Krumme gerade ist und die steinigen Orte glatt sind. Denn wenn wir das tun, dürfen wir gewiss sein: »Dann offenbart sich die Herrlichkeit des Herrn, alles Fleisch wird sie sehen.« (Jesaja 40,5)

KAPITEL 6

Eine Bergbesteigung, die die Welt verändert

Am Ende der Tage wird es geschehen: Der Berg des Hauses des HERRN steht fest gegründet als höchster der Berge; er überragt alle Hügel. Zu ihm strömen alle Nationen. Viele Völker gehen und sagen: Auf, wir ziehen hinauf zum Berg des HERRN und zum Haus des Gottes Jakobs. Er unterweise uns in seinen Wegen, auf seinen Pfaden wollen wir gehen. Denn vom Zion zieht Weisung aus und das Wort des HERRN von Jerusalem. Er wird Recht schaffen zwischen den Nationen und viele Völker zurechtweisen. Dann werden sie ihre Schwerter zu Pflugscharen umschmieden und ihre Lanzen zu Winzermessern. Sie erheben nicht das Schwert, Nation gegen Nation, und sie erlernen nicht mehr den Krieg.

Jesaja 2,2–4

Die Autoren der Bibel nutzten die Landschaften der biblischen Welt als Bilder, wenn sie ihre Geschichten erzählten. Das Rote Meer, die Fleischtöpfe Ägyptens, die Wildnis, durch die die Kinder Abrahams wanderten, die Berge von Galiläa und der See Genezareth, der Jordan, das Tote Meer, das Gelobte Land und das Tal der Toten – in der Bibel fallen Geografie und Theologie zusammen.

Wenn man das begreift, bekommen vor allem Berge eine besondere Bedeutung, gerade auch beim Propheten Jesaja. Berge sind ein Bild für Orte, Momente und Erfahrungen, in denen Menschen die Gegenwart und die verwandelnde Realität Gottes besonders intensiv erfahren. Berge entsprechen dem, was die keltische Tradition »thin places« nennt, also Orte, an denen der Übergang von unserer Zeit in die Dimension der Ewigkeit fließend ist. Berge sind ein Hinweis auf die Momente, in denen »Gott geschieht«. Momente, die unsere Welt verändern.

Auf einem Berg namens Moria hätte Abraham um ein Haar seinen Sohn Isaak geopfert, weil er dachte, Gott verlange das von ihm. Doch es geschah auch auf diesem Berg, dass ein Engel Abrahams Hand aufhielt, bis er begriffen hatte, dass Gott Gnade will und nicht Opfer und blinden Gehorsam. (Genesis 22,1–9) Auf einem Berg namens

Sinai begegnete Mose Gott in einem brennenden Dornbusch. Er war dorthin gelaufen, um vor seiner Vergangenheit zu fliehen. Und er kam von diesem Berg zurück mit dem Auftrag der Befreiung Israels (Exodus 3,1–22): »Go down, Moses, way down in Egypt's land; tell old Pharao to let my people go.«[23] Später übergab Gott Mose auf diesem Berg die Zehn Gebote, die das Leben seines Volkes verändern und wiederbeleben sollten. Der Berg ist ein Ort der Verwandlung. Für den Jesaja-Autor liegt der Ort, an dem die Menschen Gottes Liebe erfahren und sein Traum Wirklichkeit wird, ebenfalls auf einem Berg. Auf dem Berggipfel sollen sie ihre Schwerter zu Pflugscharen umschmieden. Dort wird Gott das Friedensreich errichten, in dem der Wolf und das Lamm zusammenleben. Dann werden sie keine Zerstörung mehr anrichten, weil die Erde voll sein wird von der Erkenntnis des Herrn, wie das Wasser die Meere bedeckt. Und von dort aus sieht Jesaja den neuen Himmel und die neue Erde. (vgl. Jesaja 2,4; 11,6; 65,25; 11,9)

So ist es auch kein Zufall, dass Jesus von einem Berg herab predigt, dass er die zwölf Apostel auf einen Berg mitnimmt und dass er auf den Berg der Verklärung steigen muss, bevor er mit dem Kreuz auf der Schulter durch das einsame Tal geht. Und es ist auch kein Zufall, dass der Taufbefehl am Ende des Matthäusevangeliums auf einem Berg ausgesprochen wird. (Vgl. zu diesen Ereignissen Matthäus 5–7; Markus 3,13; Markus 9,2–8; Matthäus 28,16–20) Der Berg ist der Ort der verwandelnden, erneuernden und versöhnenden Gegenwart Gottes.

Auf dem Berg verwandelt Gott die Welt von einem Albtraum des Todes und der Zerstörung in seinen Traum von »Shalom«, von Fülle und Leben. Diese Verwandlung stellt das Leben von vielen Männern, Frauen und Kindern auf den Kopf. Dabei geht es ihm nicht nur um sein eigenes Volk. Der biblische Autor kommt von dem engen Blickwinkel des eigenen Stammes zu einer Vision, in der sich Menschen *aller* Völker und Rassen um den Berg versammeln. Er sieht eine neue Menschheit, eine neue Schöpfung. Er begreift, dass Menschen, die durch ihre Beziehung zu Gott und zueinander verwandelt werden, auch mithelfen können, die Welt zu verändern.

Viele Völker gehen und sagen: Auf, wir ziehen hinauf zum Berg des HERRN und zum Haus des Gottes Jakobs. Er unterweise uns in seinen Wegen, auf seinen Pfaden wollen wir gehen. Denn vom Zion zieht Weisung aus und das Wort des HERRN von Jerusalem. Er wird Recht schaffen zwischen den Nationen und viele Völker zurechtweisen. Dann werden sie ihre Schwerter zu Pflugscharen umschmieden und ihre Lanzen zu Winzermessern. Sie erheben nicht das Schwert, Nation gegen Nation, und sie erlernen nicht mehr den Krieg.
Jesaja 2,3 f.

Ich erkenne drei Schritte auf dem Weg der Verwandlung: Menschen kommen. Menschen lernen. Menschen gehen neue Pfade.

Zuerst kommen sie: Auf dem Berg treten sie in eine tiefere Beziehung zu Gott und zueinander. Im 6. Jahrhundert hat ein Mönch namens Dorotheos von Gaza gelehrt, Ziel des christlichen Lebens sei es, in der Liebe Gottes zu sein. Für ihn war die Schöpfung wie die Speichen eines Rades – und Gott die Nabe. Je näher wir der Mitte kommen, desto näher kommen wir einander. Und ebenso, je näher wir zusammenkommen, desto näher kommen wir Gott. Denn wir sind alle Kinder Gottes, erschaffen nach seinem Bild.[24] Wenn wir auf seinen Berg kommen, erleben wir eine vertiefte, neu belebte Beziehung zu ihm und zueinander.

Im zweiten Schritt lernen die Menschen: »Auf, wir ziehen hinauf zum Berg des HERRN und zum Haus des Gottes Jakobs. Er unterweise uns in seinen Wegen [...] Denn vom Zion zieht Weisung aus.« Sie lauschen der Tora: Gottes Botschaft, Gottes Unterweisung, Gottes Lehre und seinen Worten des Lebens.

Und im dritten Schritt gehen diese Menschen neue Pfade: Sie gehen auf Gottes Wegen. Sie leben in Gottes Liebe. Sie schmieden ihre Schwerter um zu Pflugscharen und ihre Lanzen zu Winzermessern. Sie führen keinen Krieg mehr, weil sie gelernt haben, auf Gottes Wegen zu gehen.

Menschen kommen. Menschen lernen. Menschen gehen neue Pfade. Indem sie das tun, werden sie Teil von Gottes Verwandlung der Welt.

Diese drei Schritte lehrt auch Jesus seine Jünger. Zuerst lädt er sie ein: »Kommt und seht«, sagt er, und: »Kommt her, mir nach!« (Johannes 1,39; Markus 1,17) Er lädt sie ein zu einer vertieften Beziehung zu ihm, zu Gott und zueinander.

Im zweiten Schritt lehrt er die Jünger. Nicht nur durch Worte, sondern auch durch sein Tun und seine bloße Gegenwart. Sie lernen die gute Nachricht:

»Kommt alle zu mir, die ihr mühselig und beladen seid! Ich will euch erquicken. Nehmt mein Joch auf euch und lernt von mir; denn ich bin gütig und von Herzen demütig; und ihr werdet Ruhe finden für eure Seele. Denn mein Joch ist sanft und meine Last ist leicht.« (Matthäus 11,28 ff.) Und er lehrt sie, was das für ihr Leben bedeutet – etwa in der Bergpredigt. (Matthäus 4,18–25 und Kapitel 5–7)

Wenn Sie die Worte des Taufbefehls lesen, können Sie sehen, dass Jesus seinen Jüngern beibringt, seine lebensverändernde Botschaft weiterzugeben. Nach der Auferstehung nimmt er sie mit auf einen Berg und sagt ihnen: »Geht und macht alle Völker zu meinen Jüngern; tauft sie auf den Namen des Vaters und des Sohnes und des Heiligen Geistes und lehrt sie, alles zu befolgen, was ich euch geboten habe. Und siehe, ich bin mit euch alle Tage bis zum Ende der Welt.« (Matthäus 28,19 f.) Wir machen Menschen zu Jüngern, indem wir sie taufen und ihnen zeigen, wie sie zu einer vertieften, verwandelnden Beziehung zu Gott und zueinander kommen.

Im dritten Schritt verwandelt uns diese vertiefte Beziehung, sodass wir als Gemeinde Jesu anders leben können. Aber was heißt das, anders leben? Werfen wir einen Blick ins neunte Kapitel des Markusevangeliums. Jesus weiß, dass er bald sterben wird. Er nimmt Petrus, Jakobus und Johannes mit auf einen Berg. Als sie dort beten, bemerken die Jünger, dass Jesus sich verwandelt. Es ist, als würde seine Göttlichkeit durch seine Menschlichkeit hindurchscheinen. In ihrer Vision sehen die Jünger, wie Mose und Elia mit Jesus sprechen. Das ist aus mehreren Gründen wichtig, aber mir geht es hier vor allem um einen: Im Alten Testament wird sowohl von Mose als auch von Elia berichtet, dass sie einen Berg besteigen. Auch sie gehen auf den Berg Gottes, werden durch die Begegnung mit ihm verwandelt und gehen von dort weg, um die Welt zu verändern. Ihre Verwandlung führt nicht zu einer Weltflucht, sondern zu einem tieferen Engagement in der Welt. Deshalb glaube ich, dass es kein Zufall ist, dass ausgerechnet Mose und Elia auch auf dem Berg erscheinen. Und ich halte es auch nicht für einen Zufall, dass Jesus nach dem Aufenthalt auf dem Berg der Verklärung sein Kreuz auf sich nimmt, um sich zu opfern und der Welt neues Leben zu schenken.

Ich weiß noch genau, wie ich einmal in einer Kapelle saß, die der Verklärung Jesu gewidmet ist. Ein schönes Wandbild über dem Altar zeigt die Szene so, wie sie im Neuen Testament erzählt wird.

Während ich also dasaß, schaute ich das Wandbild an. Und dann passierte etwas. Ich bin normalerweise niemand, der leicht mystische Visionen bekommt, aber an diesem Tag hatte ich ein Erlebnis, das diesen Namen verdient. Während ich mich auf das Bild konzentrierte, sah ich, wie Jesus verwandelt wurde. Er sah nicht fremd aus. Es erschien mir vielmehr wie die Enthüllung seines wahren Seins. In meiner Einbildung wurde seine Gestalt verändert, erweitert, fast wie bei einem Bild des Surrealisten Salvador Dalí. Aber nicht nur Jesus wurde verändert, auch die Jünger Petrus, Jakobus und Johannes. Es war, als gingen sie in die Gestalt Jesu über. Und das Gleiche galt für die Landschaft um sie herum.

Für einen Moment konnte ich eine Welt sehen, die von der unglaublichen Liebe Gottes verwandelt wurde. Von seiner Liebe, die wir in Jesus erfahren von seiner Gerechtigkeit, seiner Barmherzigkeit, von seinem Mitgefühl.

Für mich war diese Verwandlung ein Bild für das, was passiert, wenn wir Jesus nachfolgen, wenn wir in dieser Welt einen Unterschied bewirken. Wenn wir den Traum Gottes leben.

Und hinter all dem steht Gottes Zusage an sein Volk: »Ich gebe euch ein neues Herz, und einen neuen Geist gebe ich in euer Inneres.« (Hesekiel 36,26) Gott verspricht:

So wird der Bund sein, den ich nach diesen Tagen mit dem Haus Israel schließe. […] Ich habe meine Weisung in ihre Mitte gegeben und werde sie auf ihr Herz schreiben. Ich werde ihnen Gott sein, und sie werden mir Volk sein. Keiner wird mehr den andern belehren, man wird nicht zueinander sagen: Erkennt den HERRN!, denn sie alle, vom Kleinsten bis zum Größten, werden mich erkennen.

Jeremia 31,33 f.

Aus einem neuen Herzen fließt neues Leben. In Psalm 51 heißt es: »Erschaffe mir, Gott, ein reines Herz und einen festen Geist erneuere in meinem Innern!« Verwandelte Herzen führen zu einem verwandelten Leben. Und verwandelte Leben verwandeln die Welt. Ich bin fest davon überzeugt, dass die Liebe Gottes, die wir durch Jesus erfahren können, die mächtigste Quelle der Verwandlung ist, die diese Welt kennt. Ich bin fest davon überzeugt, dass das Evangelium Jesu unser Leben und das Leben der Welt zum Besseren verwandeln kann.

Ich bin in die Episkopalkirche hineingeboren und in ihr aufgewachsen. In dieser Glaubensgemeinschaft habe ich Gottes Liebe schon als Kind kennengelernt. Als ich aufs College ging, tat ich, was alle jungen Leute tun. Ich war frei von den Beschränkungen meines Elternhauses und genoss diese Freiheit. Die meisten Dinge, die ich als Student tat, waren ziemlich harmlos. Aber manche waren es nicht, und an einem Punkt wurde es kritisch. Damals wäre einer meiner besten Freunde beinahe an einer Überdosis Drogen gestorben. Zum Glück kam es nicht so weit, aber es war sehr knapp. Ich weiß noch, dass ich an diesem Abend in mein Zimmer im Studentenwohnheim ging und versuchte, mir einen Reim auf das Geschehene zu machen. Und als ich da so auf meiner Bettkante saß, erschien mir das Gesicht meiner Großmutter.

Grandma war eine bemerkenswerte Frau mit einem einfachen, starken und tiefen Glauben. Sie hatte die Zeit der Rassentrennung erlebt, hatte einen Ehemann und mehrere Kinder beerdigen müssen. Eines davon war meine Mutter, die mit etwas über vierzig Jahren starb und nach deren Tod Grandma uns aufzog. Sie war damals etwa siebzig Jahre alt. Ich wusste tief in meinem Inneren, dass der Schlüssel zu ihrem guten Leben ihr Glaube an Jesus Christus war. Sie pflegte zu sagen: »Wir haben einen guten Gott und ein gutes Evangelium.« In dieser Nacht im College erschien mir ihr Gesicht, und ich fiel auf die Knie und betete.

In den darauffolgenden Wochen führte ich einige Gespräche mit einem ebenso freundlichen wie klugen Studentenpfarrer, der mich sanft, aber bestimmt auf den richtigen Weg lotste. Und dann dauerte es nicht mehr lange, bis ich eine Art Erweckung erlebte. Nicht, dass ich Gott vorher nicht gekannt hätte. Es war eher so, dass mir plötzlich all das wieder einfiel, was ich immer schon über ihn gewusst hatte. All das, was meine Familie und meine Kirche mich gelehrt hatten. Für mich war es wie eine Heimkehr. Und gleichzeitig fühlte es sich ganz neu an.

Bis heute hat Jesus nicht aufgehört, mein Leben zu verwandeln. Ich weiß, dass ich kein Musterschüler bin. Ich habe gute Seiten, aber ich bin auch zerrissen und voller Sünde. Trotz aller Schwierigkeiten gilt für mich das alte Gospellied: *Ich will keinen anderen Weg mehr gehen als den, den ich eingeschlagen habe.*[25] Ich liebe den Herrn. Und ich bete darum, dass sein Evangelium mein Leben weiterhin verändert.

Auf, wir ziehen hinauf zum Berg des HERRN und zum Haus des Gottes Jakobs. Er unterweise uns in seinen Wegen, auf seinen Pfaden wollen wir gehen. […] Dann werden sie ihre Schwerter zu Pflugscharen umschmieden und ihre Lanzen zu Winzermessern. Sie erheben nicht das Schwert, Nation gegen Nation, und sie erlernen nicht mehr den Krieg.

Jüngerschaft geschieht, wenn wir kommen, lernen und verändert leben. Wir werden verwandelt, und in uns wächst der Wunsch, ein Teil von Gottes Verwandlung dieser Welt zu sein. Wir beginnen, seinen Auftrag zu leben: Menschen zu Jüngern zu machen, dafür zu sorgen, dass sich die Welt verändert, und Zeugnis zu geben von Jesajas kühner Vision einer neuen Welt. Jesus ruft uns alle, jeden Einzelnen, dazu auf, zu kommen, zu lernen und anders zu leben. Er ruft uns dazu auf, diese Welt auf den Kopf zu stellen.

KAPITEL 7

Nieder mit den trennenden Mauern

Denn er (Jesus) ist unser Friede. Er vereinigte die beiden Teile (Juden und Heiden) und riss die trennende Wand der Feindschaft in seinem Fleisch nieder. Er hob das Gesetz mit seinen Geboten und Forderungen auf, um die zwei in sich zu einem neuen Menschen zu machen. Er stiftete Frieden und versöhnte die beiden durch das Kreuz mit Gott in einem einzigen Leib. Er hat in seiner Person die Feindschaft getötet. Er kam und verkündete den Frieden: euch, den Fernen, und Frieden den Nahen. Denn durch ihn haben wir beide in dem einen Geist Zugang zum Vater.

Epheserbrief 2,14–18

Ich erinnere mich noch gut an die Generalversammlung meiner Kirche, bei der Gene Robinson zum Bischof geweiht wurde. Seine Weihe führte zu einer heftigen Kontroverse innerhalb unserer Kirche, da er der erste Bischof war, der in einer gleichgeschlechtlichen, nicht-zölibatären Verbindung lebte. Das veranlasste mich zu einem tiefen Nachdenken. Ich musste mir einige eindringliche Fragen stellen – über den Gott, an den ich glaube, über Jesus, der mein Herr und Erlöser ist, und über die Kirche, die ich liebe und deren Teil ich bin. Die Kontroverse auf dieser Versammlung über das Thema Homosexualität brachte mich zu der Überlegung: Was glaube ich wirklich, ganz tief drinnen, als Jünger Jesu? Was glaube ich wirklich in Bezug auf die Kirche? Und was glaube ich in Bezug auf die Welt, in der wir leben?

Die zu Beginn dieses Kapitels zitierte Passage aus dem Epheserbrief wurde mir zur Leitlinie bei meinen Überlegungen. Ich forschte ein wenig nach und stellte fest, dass die »trennende Wand«, von der da die Rede ist, vermutlich ein Teil des Jerusalemer Tempels war. Zu dieser Zeit war der Tempel ein architektonisches Weltwunder. Abgesehen von seiner Schönheit und liturgischen Durchdachtheit war er aber auch ein klares Bekenntnis zur strikten Trennung der verschiedenen Klassen in der damaligen Gesellschaft:

Der Tempel war in verschiedene Zonen aufgeteilt, in denen jeweils nur bestimmte Gruppen von Menschen Gott anbeten durften.

Der Bereich, den man das Allerheiligste nannte, war besonders streng abgeteilt. Nur der Hohepriester durfte ihn betreten, und das auch nur, um an einem bestimmten Tag im Jahr für das ganze Volk Buße zu tun. Um das Allerheiligste herum befand sich der Hof der Priester, den ausschließlich Angehörige der Priesterkaste betreten durften. Dann kam der Hof Israels, der den jüdischen Männern vorbehalten war. Noch weiter außen lag der Hof mit der Empore der Frauen. Und dann kam eine Wand, die alle diese Höfe von einem Außenbereich abtrennte, den man den Hof der Heiden nannte.

1871 haben Archäologen in Jerusalem eine Inschrift aus der Zeit Jesu entdeckt, die unmissverständlich klarmacht, was diese Wand bezweckte. Sie warnt jeden Heiden, dass ein Überschreiten der Grenze mit dem Tod bestraft wird.[26]

Die soziologische Realität dieser trennenden Wand kann möglicherweise erklären, warum Jesus, als er kurz vor seinem Tod die Geldwechsler aus dem Tempel vertrieb, den Propheten Jesaja zitierte: »Mein Haus soll ein Haus des Gebetes für *alle* Völker genannt werden.« (Markus 11,17; vgl. auch Jesaja 56,7)

Im Epheserbrief betrachtet Paulus den Tod Jesu als einen Akt selbstloser Liebe, in dem Gottes Gnade und Barmherzigkeit die Schranken niedergerissen haben, die uns von Gott und voneinander trennen. Indem Jesus sein Leben gab, indem er sein Blut vergoss, öffnete er den Weg in ein neues Leben. Ein Leben aus dem Glauben, nicht aus dem Gesetz. Er riss trennende Mauern nieder und baute Brücken, die eine neue Schöpfung möglich machen, eine Schöpfung, in der Versöhnung, Mitgefühl, Liebe, Gerechtigkeit und Frieden herrschen.

Für Paulus ist diese Erkenntnis der Schlüssel zum Verständnis von Gottes Plan mit dieser Welt. Dieser sieht vor, durch Jesus alle zusammenzubringen. (Epheser 1,10) Alle Menschen mit Gott und untereinander zu versöhnen. (Epheser 2,16)

Diese Einheit in aller Vielfalt hat eine lange, reiche Geschichte in der Bibel. Wer den großen Bogen betrachtet, sieht, wie sich diese Perspektive entfaltet, bis sie sich schließlich in Jesus in ihrer ganzen Größe zeigt. Während die Menschen der Bibel immer tiefer in Gottes Pläne eintauchen, erfahren sie: Gott streckt sich zum anderen aus, sammelt, umarmt und lädt ein. Sie entdecken, dass die Reichweite von Gottes Gnade und das Ausmaß seiner Umarmung größer sind, als sie es sich jemals hätten vorstellen können.

Ich möchte Ihnen ein paar Beispiele zeigen. Erinnern Sie sich an die Geschichte von Noah und der großen Flut in der Genesis (Kapitel 6 bis 9)? Noah baut eine Arche, vermutlich weil er meint, es ginge darum, seinen Hals zu retten. Aber je mehr er sich in Gottes Plan einlebt, desto stärker merkt er, dass es bei diesem Bau um den Aufbau einer neuen Welt ging. Die jüdische Tradition nennt das *tikkun olam* – die Reparatur, den Wiederaufbau, die Heilung der Schöpfung. Am Ende der Geschichte schenkt Gott Noah das Zeichen des Regenbogens: Nie mehr wird Gott damit drohen, die Welt durch eine Flut zu zerstören. Gott schließt seinen Bund nicht nur mit Noah und seinen Nachkommen, sondern mit der gesamten Schöpfung.

Im zwölften Kapitel der Genesis ruft Gott Abram (der später Abraham genannt wird) und seine Frau Sarai (später Sarah) aus ihrem Heimatland heraus, damit sie in ein Land gehen, das sie nicht kennen. Im Laufe der Geschichte wird klar, dass Abraham, Sarah und ihre Nachkommen Gottes Versprechen hauptsächlich auf das jüdische Volk beziehen. Aber wenn man den Text in Genesis 12 genauer anschaut, stellt man fest, dass Gottes Versprechen an Abraham und Sarah letztlich ein größeres Ziel hat: »Durch dich sollen alle Sippen der Erde Segen erlangen.« (Genesis 12,3)

Oder denken Sie an den Auszug aus Ägypten. Die Hebräer leben dort als Sklaven. Gott sendet Mose, sie zu befreien. Soweit wir wissen, bezieht Mose Gottes Befreiungsaktion nur auf die Hebräer. Aber im Laufe der Kirchengeschichte, während sich die christlichen Traditionen weiterentwickeln, wird der Exodus ins Gelobte Land zum Modell für eine breitere, universale Vision von Freiheit, die Gott allen Völkern und der ganzen Schöpfung zugedacht hat.

Das vielleicht deutlichste Beispiel steht jedoch im Buch Jona. Gott befiehlt Jona, den Heiden in Assyrien zu predigen. Jona weigert sich, er versucht wegzulaufen. Statt sich nach Osten Richtung Assyrien aufzumachen, geht er an Bord eines Schiffes, das nach Westen fährt, nach Spanien. Den Rest der Geschichte kennen Sie. Ein Sturm, ein großer Fisch, und natürlich endet Jona doch in Assyrien.

Am Ende der Geschichte hat er begriffen, dass Gottes Gnade und Barmherzigkeit keine Grenzen kennen. Dieselbe Gnade, die ihn im Bauch des großen Fisches erreichte, kann auch Menschen erreichen, die er für seine Feinde hält.

Vor ein paar Jahren habe ich eine Pilgerfahrt in den Nahen Osten gemacht. In Jerusalem übernachteten wir im Gästehaus der anglikanischen Georgskathedrale. Im Kreuzgang begegnete ich einem der Mitarbeiter, und wir begannen ein Gespräch, das schließlich mehr als eine Stunde dauerte. Wir redeten, tauschten unsere Geschichten aus und interessierten uns für das Leben des anderen. Er fragte mich, wie ich Christ geworden sei, und ich erzählte ihm von meiner Familie und wie sie mir den Glauben vermittelt hatte. Ich erfuhr, dass er Palästinenser und Anglikaner sei. Als ich ihn fragte, wann er und seine Familie Christen geworden seien, antwortete er: »An Pfingsten.« Er muss bemerkt haben, dass ich ihn irritiert ansah, denn sofort erklärte er mir, was er meinte: »Ich stamme von den Leuten ab, die im Alten Testament als Hethiter und Jebusiter bezeichnet werden. Wir waren abgeschnitten von den Verheißungen Gottes, aber dann kam Jesus, und er riss durch seinen Tod die Mauer nieder, die Juden und Heiden voneinander trennte. Am Pfingsttag eröffnete er allen Menschen die Chance, die Botschaft des Evangeliums zu hören. Meine Vorfahren waren damals wirklich dabei, sie werden in der Pfingsterzählung sogar erwähnt.«

Die Pfingstgeschichte erzählt davon, dass Schranken niedergerissen und Grenzen überwunden wurden. An Pfingsten hörten die Menschen das Evangelium. Und noch während sie es hörten, stürzten die Mauern ein, entstanden Brücken, und die neue, von Jesus geprägte Menschheit trat hervor.

Der Theologe und Autor Daniel Erlander hat viel Zeit damit verbracht, die Evangelien zu durchforsten und eine Liste von Menschentypen anzulegen, die dort Jesus begegnen: Aussätzige, Prostituierte, Steuereintreiber, Sünderinnen und Sünder, Arme, Verlassene, Blinde, Schuldner, Ausgestoßene, Kinder, Frauen, Männer, alte Menschen, kranke Menschen, Heiden, Samariter, Juden, Menschen, die von Dämonen besessen sind, Außenseiter, Ketzer, Pharisäer, Juristen, Reiche und so weiter. Dann hat Erlander untersucht, mit welchen Attributen die Evangelien diese Menschen belegen, um zu zeigen, wie Jesus sie sieht: eingeladen, aufgenommen, bestätigt, geliebt, berührt, befreit, umarmt, geheilt, gereinigt, mit Würde versehen, genährt, vergeben, heil gemacht, gerufen, wiedergeboren, mit Hoffnung versorgt, empfangen, geehrt, befreit.[27]

So sieht das neue Leben aus, das Jesus anbietet: Er schließt niemanden aus. Er hält nichts zurück. Er baut Brücken zwischen Menschen, und diese erfahren ein neues Leben.

Der Apostel Paulus schreibt: »Wenn also jemand in Christus ist, dann ist er eine neue Schöpfung: Das Alte ist vergangen, siehe, Neues ist geworden. Aber das alles kommt von Gott, der uns durch Christus mit sich versöhnt und uns den Dienst der Versöhnung aufgetragen hat.« (2. Korintherbrief 5,17 f.)

Theologen erklären uns, dass die Essenz der Sünde in der Zerstörung der Beziehung liegt: zu Gott, zu anderen Menschen und zur gesamten Schöpfung. Im Gegensatz dazu bringt das Handeln Jesu Gemeinschaft, Verbindung und Versöhnung. Als Nachfolger Jesu wissen wir, was den Kern der Jüngerschaft ausmacht: unserem Erlöser zu helfen, trennende Mauern und Schranken einzureißen und Brücken der Versöhnung zu bauen. Brücken, die zu einer neuen Menschheit, einer neuen Schöpfung, einem neuen Himmel und einer neuen Erde führen.

Der Ökumenische Rat der Kirchen hat diese Haltung einmal mit folgenden Worten beschrieben: »Die Versöhnung durch das Kreuz ist die Basis für den Auftrag der Kirche. Eine versöhnte und erneuerte Schöpfung ist ihr Ziel. Die Vision Gottes, der alles in Christus vereint, ist die Triebkraft für ihr Leben und ihre Botschaft.«[28] Das ist ein Auftrag, der unser würdig ist und für den wir unser Leben geben können. Das ist unsere Mission.

Dieses Verständnis von Einheit in Vielfalt ist schon seit Langem Teil der Tradition meiner Kirche. Im 16. Jahrhundert erschuf Königin Elizabeth I. aus verschiedenen zerstrittenen protestantischen und katholischen Gruppen eine vereinte Kirche von England. Richard Hooker, der große Theologe dieser Zeit, soll gesagt haben: »Ich bete, dass niemand Anstoß daran nimmt, wenn ich die christliche Religion zu einem Gasthaus mache, in dem alle freudig willkommen geheißen werden. Und nicht zu einer Hütte, in der nur ein paar enge Freunde und Verwandte Einlass finden.«[29]

Ich wünsche mir, dass die Kirche ihren Auftrag annimmt, eine Gemeinschaft zu sein, in der Verschiedenheit in Ehren gehalten und respektiert wird. Das betrifft nicht nur den bunten Teppich unserer ethnischen Herkunft. Es meint auch die sexuelle Orientierung, die sozio-ökonomischen, sprachlichen und kulturellen Unterschiede, unterschiedliche politische Ansichten und Ideologien. Sogar verschiedene theologische Sichtweisen. Die gesamte Buntheit und Vielfalt der Menschheit soll hier zusammenkommen.

Wenn der Leib Christi wirklich das Herz Gottes spiegeln soll, dann braucht er diese Vielfalt. Paulus sagt dazu: »Das Auge kann nicht zur Hand sagen: Ich brauche dich nicht. Der Kopf wiederum kann nicht zu den Füßen sagen: Ich brauche euch nicht. [...] Ihr aber seid der Leib Christi und jeder Einzelne ist ein Glied an ihm.« (1. Korintherbrief 12,21–27)

Diese Vielfalt kann auch eine Herausforderung sein. Nach der Weihe von Bischof Gene Robinson traten große Differenzen zwischen den Teilnehmern der Tagung auf. Wir mussten uns Mühe geben, heilige und respektvolle Gesprächsformen zu entwickeln, während wir über unsere Sorgen und unterschiedlichen Sichtweisen sprachen. Wir mussten uns Mühe geben, zuzuhören, füreinander zu beten, einander zu lieben und gemeinsam herauszufinden, was der Heilige Geist seiner Kirche sagte.

Wie ich schon erwähnte, wuchsen meine Eltern als Baptisten auf und traten als junge Erwachsene der Episkopalkirche bei. Meine Mutter ließ sich als Studentin konfirmieren, nachdem sie die Werke von C.S. Lewis gelesen hatte. Als meine Eltern sich kennenlernten, war meine Mutter schon Mitglied dieser Kirche, während mein Vater Baptist war und am Predigerseminar studierte, um Pastor zu werden.

Während sie umeinander warben, beschloss mein Vater eines Sonntags, mit meiner Mutter den Gottesdienst zu besuchen. Er war noch nie in einer Gemeinde der Episkopalkirche gewesen. Für ihn, der in der afrikanisch-amerikanischen Tradition der Baptisten aufgewachsen war, tat sich eine fremde Welt auf. Die Liturgie, die vorformulierten Gebete, das Schweigen und Singen – alles war neu. Den größten Unterschied aber, so erzählte er später, habe für ihn an diesem Sonntag die Kommunion ausgemacht. Neben meinen Eltern besuchten nur wenige Amerikaner afrikanischer Herkunft den Gottesdienst. Es war in den Vierzigerjahren, die Rassentrennung war noch in vollem Gange und fast überall im Land Gesetz. Nicht einmal in den Streitkräften gab es Gleichbehandlung, geschweige denn in den Schulen oder Bussen. Martin Luther King Jr. war noch Student im Predigerseminar.

Und was erlebte mein Vater? Auf dem Altar stand nur ein Kelch, aus dem *alle* trinken sollten.

Mein Vater fühlte sich in der Gemeinde noch fremd, so dass er nicht an der Kommunion teilnahm, aber er beobachtete das Geschehen ganz genau. Würde der Priester meiner farbigen Mutter wirklich dien Kelch reichen? Und wenn ja, würde der Weiße neben ihr wirklich auch daraus trinken? Und dann auch alle anderen, die gesehen hatten, dass eine Schwarze aus diesem Kelch getrunken hatte?

Er sah, wie der Priester ihr den Kelch reichte und sie daraus trank. Dann gab der Priester den Kelch dem Nächsten. Und immer weiter. Sie tranken alle daraus.

Wenn mein Vater diese Geschichte erzählte, pflegte er zu sagen: »Das ist der Grund, warum ich in diese Kirche eingetreten bin. Eine Kirche, in der Schwarze und Weiße aus demselben Kelch trinken, muss etwas vom Evangelium verstehen. Da wollte ich mitmachen.«

Das Evangelium, die gute Nachricht von Gottes versöhnender Liebe in Jesus Christus, kann Menschen vereinen, so verschieden sie auch sein mögen. Es kann dem Albtraum, in den wir diese Welt verwandelt haben, den Traum Gottes von der Versöhnung entgegensetzen.

Das Lukasevangelium erzählt diese Botschaft, wenn es von der Geburt Jesu berichtet. Die Hirten waren damals nicht nur Männer mit Hut und Mantel, wie wir sie auf Weihnachtskarten sehen. Der Theologe Raymond Brown sagt über sie: »Sie waren weder vornehm noch edel, sondern galten zur Zeit Jesu oft als unehrliche Außenseiter.« Und weiter: »Hirten gehörten für die frühen Rabbis zu denen, die nicht als Richter oder Zeugen infrage kamen, weil sie ihre Herden oft auf dem Land anderer Leute grasen ließen.«[30]

Die Hirten waren also Grobiane, die am Rand der Gesellschaft lebten. Und doch gehörten sie zu den Ersten, die Gottes Sohn, den Messias, den Retter der Welt zu sehen bekamen. Die gute Nachricht des Evangeliums überschritt alle Grenzen und erschuf eine neue Wirklichkeit. Fürchtet euch nicht, ihr Hirten. Fürchte dich nicht, heutige Welt. Siehe, ich bringe euch eine gute Nachricht und große Freude.

Sowohl das Lukasevangelium als auch die Apostelgeschichte (die nach Ansicht der Forschung eigentlich nur der zweite Teil desselben Buchs ist) berichten, dass diese gute Nachricht einen Funken entzünden kann, der einzelne Menschen und sogar ganze Gesellschaften verwandelt. Im vierten Kapitel des Lukasevangeliums, wo Jesus mit seiner Verkündigung beginnt, greift er Jesajas Prophezeiung aus der Zeit des israelischen Exils auf. Eine Prophezeiung, die beschreibt, wie der Geist Gottes die gute Nachricht allen Menschen verkündet:

Der Geist GOTTES, des Herrn, ruht auf mir. Denn der HERR hat mich gesalbt; er hat mich gesandt, um den Armen frohe Botschaft zu bringen, um die zu heilen, die gebrochenen Herzens sind, um den Gefangenen Freilassung auszurufen und den Gefesselten Befreiung, um ein Gnadenjahr des HERRN auszurufen.
Jesaja 61,1 f.

Jesu Verkündigung der guten Nachricht setzt eine Kettenreaktion persönlicher und gesellschaftlicher Verwandlungen in Gang. Die Menschen hören das Evangelium, Schranken fallen, Brücken werden gebaut, die neue Menschheit in Christus tritt hervor.

Als ich im Priesterseminar war, freundete ich mich mit einem angehenden Priester der Kirche von Uganda an. Es war in den Siebzigerjahren, als unter Präsident Idi Amin christliche Geistliche und Leiter massiv verfolgt wurden.

Jahrelang hörte ich nichts von meinem Freund. Oft fragte ich mich, was wohl aus ihm und seiner Familie geworden war. Dann erreichte mich ein Brief. Mein Freund und seine Familie waren nach Kenia geflohen, wo sie in Sicherheit waren. Nachdem er die Geschichte ihrer lebensgefährlichen nächtlichen Flucht erzählt hatte, beendete er den Brief mit den Worten: »Vergiss niemals, dass das Evangelium die Welt verändern kann.« Er hatte recht. Das Evangelium *kann* die Welt verändern. Und die Kirche hat den Auftrag, dieses Evangelium zu verbreiten.

Im Neuen Testament heißt es: »Wenn ihr in meinem Wort bleibt, seid ihr wahrhaft meine Jünger. Dann werdet ihr die Wahrheit erkennen und die Wahrheit wird euch befreien.« (Johannes 8,31f.) Ein solches Evangelium ist es wert, weitererzählt zu werden, denn es verändert die Welt. Menschen, die davon angesteckt sind, gehen hinaus und reißen trennende Mauern nieder. Sie werfen ungerechte gesellschaftliche Strukturen über den Haufen. Sie bewirken etwas in unserer von Konflikten zerrissenen Welt.

Ich zitiere gerne ein Wort, das Franz von Assisi zugeschrieben wird: »Predigt das Evangelium zu allen Zeiten, und wenn nötig, benutzt Worte dazu.«

Einmal leitete ich eine Eucharistiefeier zum Fest Unserer Lieben Frau von Guadalupe. Bevor wir anfingen, zog eine öffentliche Prozession durch die Straßen der Stadt. Auf einem Podest stand ein elfjähriges Mädchen, das die Mutter Jesu darstellte. Das Mädchen stand vollkommen still, während die Prozession vorüberzog, eine ganze Stunde lang. Auch während des anschließenden Gottesdienstes hielt sie tapfer durch. Ich saß in der Nähe auf meinem Bischofsstuhl und machte mir ein bisschen Sorgen um sie. Als ich die Kleine fragte, ob sie ausruhen wolle, sagte sie: »Bischof, ich bin ein bisschen müde, aber ich tue, was man mir aufgetragen hat. Damit ich weiß, dass ich es kann.«

An diesem Tag habe ich von diesem Mädchen etwas über Durchhaltekraft gelernt, wie sie auch unsere Kirche braucht.

Wenn wir uns auf den Auftrag konzentrieren, die Frohe Botschaft zu verbreiten und leidenschaftliche, hingebungsvolle Jünger hervorzubringen, die in der Welt etwas bewirken; wenn wir uns an die Arbeit machen, um trennende Mauern einzureißen und Frieden und Versöhnung hervorzubringen – dann werden wir feststellen, dass die Schwierigkeiten, die wir befürchtet haben, gar nicht so schlimm sind. Vielleicht stellen wir sogar fest, dass das, was uns als Nachfolger Jesu miteinander verbindet, stärker ist als die Kräfte, die uns auseinanderreißen wollen. Ein altes Lied sagt es folgendermaßen:

Wenn ich unterwegs jemandem helfen kann,
wenn ich jemanden mit einem Wort oder einem Lied aufmuntern kann,
wenn ich jemandem den richtigen Weg zeigen kann,
dann lebe ich nicht umsonst.

Wenn ich meine Pflicht tun kann,
wenn ich Schönheit in eine verzerrte Welt bringen kann,
wenn ich die Botschaft der Liebe verkünden kann,
die unser Meister mitbrachte,
dann lebe ich nicht umsonst.[31]

Wir sind Teil einer Kirche, die ein Haus des Gebets für alle Völker sein soll. Wir sind Teil einer Kirche, die wahrhaft eins, heilig, weltumspannend und apostolisch ist. Wir sind Teil einer Kirche, die sich dem Auftrag verschrieben hat, Gottes Traum von der Versöhnung aller Völker wahr zu machen. So sollte Kirche sein, glaube ich. Deshalb sage ich: Lassen wir es zu, dass die trennenden Mauern zerbrechen. Lassen wir es zu, dass Schranken fallen. Lassen wir es zu, dass Gottes Traum Formen annimmt und uns allen, wirklich allen, ein neues Leben schenkt!

KAPITEL 8

Jesus mit den Füßen nachfolgen

Dazu seid ihr berufen worden; denn auch Christus hat für euch gelitten und euch ein Beispiel gegeben, damit ihr seinen Spuren folgt.

1. Petrusbrief 2,21

Im Jahr 2000, ein paar Tage, bevor ich zum Bischof geweiht wurde, machte sich eine Gruppe von Pilgerinnen und Pilgern auf, um die fast 60 Meilen nach Durham zu wandern, wo die Weihe stattfinden sollte. Betend und meditierend liefen sie über große und kleine Straßen. Sie gingen in den Spuren Jesu, der über alle Generationen hinweg Jünger mit den Worten berufen hat: »Folgt mir.« Ihre Reise machte, gemeinsam mit den Pilgerreisen vieler Menschen durch alle Jahrhunderte hinweg, deutlich: Jüngerschaft hat tatsächlich etwas mit unseren Füßen zu tun.

Das lateinische Wort »discipulus«, Jünger, bedeutet auch »Schüler«. Das gilt ebenso für die griechische wie für die hebräische Bezeichnung der Jünger. Aber es beschreibt nicht nur einen Schüler, der mit dem Kopf lernt, so wie wir das Wort heute vielleicht verstehen, sondern auch einen, der mit dem Herzen lernt. Ein Jünger war nicht nur jemand, der mit seinem Verstand arbeitete, sondern immer auch einer, der in der Nachfolge seines Meisters eine bestimmte Lebensweise erlernte, die alle Bereiche seines Daseins umfasste.

Das ist es, was Jesus meint, wenn er sagt: »Ein Jünger steht nicht über seinem Meister und ein Sklave nicht über seinem Herrn.« (Matthäus 10,24) Und weiter: »Kommt her, mir nach!« (z. B. Markus 1,17), weil er »der Weg und die Wahrheit und das Leben« (Johannes 14,6) ist. Das ist es, was Petrus mit Nachfolge (1. Petrus 2,21) meint. Ein ganzheitliches In-den-Spuren-Jesu-Laufen.

Jüngerschaft hat etwas mit den Füßen zu tun.

Jüngerschaft ist kein theoretisches Konzept. Es geht darum, unsere eigene Identität zu entdecken und in Anspruch zu nehmen, denn es stimmt: Wir sind, wohin uns unsere Füße tragen.

Vor Jahren wurde ich gebeten, zwei junge Männer auf die Taufe vorzubereiten. Ihre Mutter, eine chinesische Christin, war als Mädchen durch eine Missionsstation mit dem Christentum in Kontakt gekommen. Während der Kulturrevolution in China kam sie wegen ihres Glaubens ins Gefängnis. Diese bemerkenswerte Frau saß fast fünfzehn Jahre getrennt von ihren Kindern hinter Gittern, weil sie sich geweigert hatte, sich der Kommunistischen Partei zu beugen und ihrem Glauben an Jesus Christus abzuschwören.

Mitte der Achtzigerjahre wurde ihr erlaubt, in die USA auszureisen. Irgendwann durfte sie ihre Söhne nachholen. Und sie kam mit der Bitte auf mich zu, die beiden auf die Taufe vorzubereiten, da sie beinahe nichts vom Christentum wussten.

Als ich die beiden zum ersten Mal sah, sagte ich ihnen, dass sie die Namen von zweien der ersten Jünger Jesu trugen. Sie schauten mich fragend an: »Was ist ein Jünger?« Für einen Moment wusste ich nicht, was ich sagen sollte. Dann kam mir eine Idee, und ich antwortete ihnen: »Schaut euch eure Mutter an. Sie ist Jesus nachgefolgt, obwohl sie deshalb

Schwierigkeiten bekam. Sie ist eine Jüngerin.« Das verstanden sie. Und dass Jüngerschaft etwas mit einem Leben in Liebe zu tun hat. Jüngerschaft heißt, Jesus nicht nur mit Herz und Verstand zu folgen, sondern auch mit den Füßen.

Es ist also kein Zufall, dass Gott zu Mose sagt: »Leg deine Schuhe ab, denn der Ort, wo du stehst, ist heiliger Boden.« Und nachdem Gott Moses Füße in eine neue Richtung gelenkt hat (Exodus 3,5), sagt er ihm: »Ich sende dich zum Pharao. Führe mein Volk, die Israeliten, aus Ägypten heraus.« (Exodus 3,10) Es ist auch kein Zufall, dass Paulus die Metapher der Füße verwendet, um die Ausbreitung des Evangeliums zu beschreiben: »Wie willkommen sind die Füße der Freudenboten, die Gutes verkünden!« (Römerbrief 10,15) Jünger zu sein, hat etwas mit dem zu tun, was wir mit unseren Füßen machen. Jüngerschaft heißt, Jesus Christus, dem Herrn, hinterherzugehen.

Kurz vor dem letzten Abendmahl wäscht Jesus seinen Jüngern die Füße. Petrus wehrt sich zunächst dagegen, doch Jesus besteht darauf. Endlich stimmt Petrus zu, aber dann platzt es aus ihm heraus: »Herr, dann nicht nur meine Füße, sondern auch die Hände und das Haupt.« (Johannes 13,9) Petrus begreift manchmal nicht gleich, was Jesus möchte – doch dieses Mal versteht er voll und ganz. Jesus zu folgen heißt, es ganzheitlich zu tun: mit Herz, Händen und Füßen.

Ich möchte noch einen Schritt weiter gehen. Jüngerschaft, wie Jesus sie beschreibt, ist universal. Ich glaube, wenn

Jesus sagt: »Geht hin und macht zu Jüngern alle Völker«, dann meint er das genau so. *Alle* Völker!

Wir Christen teilen uns in Lager auf: Evangelikale hier, sozial Engagierte da; Liberale hier, Konservative dort; Freikirchler auf der einen, Landeskirchler auf der anderen Seite. Mir scheint jedoch, dass wahre Jüngerschaft solche Grenzen überwindet. Denn sie bedeutet, dass wir nicht uns selbst folgen, sondern Jesus. Wie Paulus sagt: »Wir verkünden nämlich nicht uns selbst, sondern Jesus Christus als den Herrn.« (2. Korintherbrief 4,5)

Die anglikanische Kirche schickte einst einen Missionar nach Afrika, der in einer ländlichen Gemeinde Seelsorge leisten und Menschen zum Glauben führen sollte. Dort traf er einen kleinen Jungen, der bald einer seiner treuesten Anhänger wurde.

Irgendwann wurde der Junge krank und musste in eine Klinik. Leider war diese weit entfernt. Trotzdem besuchte der Priester den Jungen regelmäßig und erzählte ihm Geschichten aus der Bibel: von Mose, Miriam und dem Exodus, von David und Goliath, von Maria und dem kleinen Jesus.

Bald wurde der Junge wieder gesund und kam nach Hause. Auch wenn die Kirche den Priester später an einen anderen Ort versetzte, blieben die beiden in Verbindung. Und Jahre später wurde der Junge selbst Priester. Der Name des Missionars war Trevor Huddleston. Und der Name des Jungen lautete Desmond Tutu.[32] Ich frage mich: War das eine Evangelisation, oder hing es am sozialen Engagement des Priesters? War er ein Liberaler oder konservativ? Freikirchlich oder landeskirchlich engagiert?

All das spielte überhaupt keine Rolle. Die beiden sind einfach nur Jesus nachgefolgt.

Denn derselbe Jesus, der sagte: »Du sollst den Herrn, deinen Gott, lieben«, sagte auch: »Du sollst deinen Nächsten lieben wie dich selbst. An diesen beiden Geboten hängt das ganze Gesetz und die Propheten.« (Matthäus 22,37–40) Und derselbe Jesus, der sagte: »Geht hin und macht alle Völker zu meinen Jüngern«, verkündete auch das sogenannte Jubeljahr: »Der Geist des Herrn ruht auf mir; denn er hat mich gesalbt. Er hat mich gesandt, damit ich den Armen eine frohe Botschaft bringe; damit ich den Gefangenen die Entlassung verkünde und den Blinden das Augenlicht; damit ich die Zerschlagenen in Freiheit setze und ein Gnadenjahr des Herrn ausrufe.« (Lukas 4,18 f.)

Derselbe Jesus, den wir den guten Hirten nennen, hat auch die Geldwechsler aus dem Tempel vertrieben.

Es gibt keinen evangelikalen oder sozial engagierten Jesus. Keinen liberalen und keinen konservativen Erlöser. Jesus war nicht mal an eine bestimmte Konfession gebunden. Wenn wir die Inkarnation, die Fleischwerdung des Herrn, ernst nehmen, dann haben wir nur *einen* Herrn: Jesus Christus, wahrer Gott und wahrer Mensch. Und Jüngerschaft heißt, diesem Jesus, unserem Herrn und Erlöser, nachzufolgen.

Auf der Generalversammlung meiner Kirche im Jahr 2000 wurde ich in das Komitee für Evangelisation gewählt. Dieses Komitee hat die Resolution »20/20: eine klare Vision« erarbeitet, in der wir die Episkopalkirche dazu aufforderten, die Zahl ihrer Mitglieder bis zum Jahr 2020 zu verdoppeln. Den stärksten Eindruck auf mich machte das, was zwischen den Mitgliedern des Komitees passierte. Unsere Gruppe war eine bemerkenswerte Ansammlung von Menschen – solche mit heller und dunkler Haut, mit britischer und hispanischer Herkunft, aus dem Süden und aus dem Norden, Schwule, Lesben und Heteros, Liberale und Traditionalisten.

Ich will nicht behaupten, dass wir uns immer in allen Punkten einig waren. Aber ich glaube, dass wir trotz aller Unterschiede die tiefste Quelle unserer Einheit entdeckt haben. Wir alle teilten eine Sache: die Hingabe an die Nachfolge Jesu. Und wir teilten die Gewissheit, dass Gott uns liebt und dass wir den Herrn lieben.

Jünger gewinnen wir, wenn wir diese Liebe teilen und anderen gestatten, sie ebenfalls zu erfahren und zu teilen. Jüngerschaft führt uns aus unseren persönlichen, gemeindlichen und theologischen Trennungen heraus; hin zu einer neuen Einheit, die sich auf das Evangelium selbst gründet. Wenn wir dem Ruf Jesu folgen, alle Völker zu Jüngern zu machen, dann treibt uns diese Einheit an.

Wir haben die Chance, die Kirche zu einer Kirche für alle Völker, Nationen und Gruppen zu machen.

Die Bibel sagt: »Er hat aus einem einzigen Menschen das ganze Menschengeschlecht erschaffen, damit es die ganze Erde bewohne.« (Apostelgeschichte 17,26) Wir sind wirklich eine Familie! Wir sind Schwestern und Brüder, wir gehören zusammen.

Paulus formuliert es so: »Denn ihr alle, die ihr auf Christus getauft seid, habt Christus angezogen. Es gibt nicht mehr Juden und Griechen, nicht Sklaven und Freie, nicht männlich und weiblich; denn ihr alle seid einer in Christus Jesus.« (Galaterbrief 3,27 f.)

Ich bin überzeugt, dass Gott in Jesus unter uns Mensch geworden ist, um uns einen Weg zu eröffnen, damit wir mehr sein können als eine Ansammlung von Individuen. Jesus ist gekommen, um uns zu zeigen, wie wir zur Familie *Gottes* werden können.

Und wenn uns das gelingt, dann können wir diese Erfahrung, Schwestern und Brüder zu sein, vielleicht auch anderen Menschen vermitteln. Martin Luther King bringt es auf den Punkt, wenn er sagt: »Wir sind auf unterschiedlichen Schiffen hierhergekommen, aber jetzt sitzen wir alle im selben Boot.«

Ich habe von unseren Füßen als Metapher für Jüngerschaft gesprochen. Und ich möchte diesem Bild gerne noch etwas hinzufügen: Jüngerschaft hat auch mit unseren Händen zu tun. Wie Paulus uns gelehrt hat, sind wir der Leib Christi.

Es fällt uns viel leichter, die Hand des Nachbarn zu schütteln als unsere eigene. Ich wage zu behaupten, dass das daran liegt, dass wir füreinander geschaffen sind. Dafür, einander zu unterstützen und uns gegenseitig zu helfen.

Wir brauchen einander. Gemeinsam können wir viel mehr erreichen als allein. Große Kirchen brauchen kleine

Kirchen, und kleine Kirchen brauchen große Kirchen. Kleine Städte in ländlichen Gegenden brauchen die großen Städte und umgekehrt. Neue Kirchen brauchen etablierte Kirchen. Liberale brauchen Konservative. Reiche, Arme, Alte, Junge, Doktoren und Leute ohne jede formale Ausbildung brauchen einander. Wir alle sind Teil eines in sich verbundenen Ganzen. Und wir alle brauchen Jesus.

Wenn wir Jesus mit unseren Füßen, mit unseren Händen und mit unserem ganzen Wesen folgen, wenn wir seinen Ruf und seine Liebe ernst nehmen, dann werden wir feststellen, dass wir Schwestern und Brüder in Christus sind – und alle zusammen Erben des ewigen Gottesreichs.

In einem wunderbaren Lied heißt es:

In Christus gilt nicht Ost noch West,
es gilt nicht Süd noch Nord,
denn Christus macht uns alle eins
in jedem Land und Ort.

So reicht einander eure Hand,
uns trennt kein Unterschied.
Wer immer unserm Vater dient,
ist der Familie Glied.

In Christus trifft sich Ort und West,
es trifft sich Süd und Nord.
Wir wissen uns in Christus eins,
gegründet auf sein Wort.[33]

KAPITEL 9

Drunter und drüber und doch ganz richtig

Diese Leute, die schon die ganze Welt in Aufruhr gebracht haben […] sie alle verstoßen gegen die Gesetze des Kaisers, denn sie behaupten, ein anderer sei König, nämlich Jesus.

Apostelgeschichte 17,6 und 7

Paulus, Silas und die anderen Christen der Stadt sind in Schwierigkeiten. In großen Schwierigkeiten. Sie haben sich mit der Obrigkeit von Thessalonich angelegt. Nicht nur, dass sie bezeugen, ein Mann namens Jesus sei von den Toten auferstanden, sie behaupten sogar, dieser sei der lang ersehnte Messias. Schließlich reicht es einem ihrer Zuhörer, und er beklagt sich bei der Stadtregierung: Diese Christen würden »die ganze Welt in Aufruhr« versetzen. Voller Sarkasmus setzt er hinzu, sie würden sogar behaupten, Jesus sei König. (Apostelgeschichte 17,6f.)

Diese Worte waren als Anklage gemeint, aber als Jünger Jesu tun wir gut daran, sie als ein großes Kompliment zu verstehen. Denn die Art zu leben, zu der Jesus uns beruft, läuft ja geradezu darauf hinaus, dass wir »die Welt in Aufruhr« bringen.

Im ersten Jahrhundert nach Christus, als die Welt noch »richtig herum« stand, errichteten die Obrigkeiten undurchdringliche Mauern, um Trennungen verschiedenster Art zu institutionalisieren und zu legitimieren. Diese soziologischen Trennlinien brachten und bestärkten Feindseligkeiten – zwischen Juden und Heiden, zwischen Sklaven und Freien, Männern und Frauen sowie Menschen aus unterschiedlichen Völkern. Aber im zweiten Kapitel der

Apostelgeschichte wird erzählt, wie der Heilige Geist am Pfingsttag diese Mauern einriss. Die Folge: Menschen aus allen Völkern hörten gemeinsam von den wunderbaren Taten Gottes. (Apostelgeschichte 2,1–12)

Im zehnten Kapitel der Apostelgeschichte reißt der Geist wieder Mauern nieder. Dort begreift Petrus, dass Gott nicht zwischen Juden und Nicht-Juden unterscheidet, »sondern dass ihm in jedem Volk willkommen ist, wer ihn fürchtet und tut, was recht ist«. (Apostelgeschichte 10,35) Und im fünfzehnten Kapitel öffnet das erste ökumenische Konzil die Türen der Kirche für alle Kinder Gottes, die Jesus suchen und ihm folgen wollen. Der Zuhörer in Thessalonich, der sich über die Christen beschwerte, hatte vollkommen recht. Diese Leute stellten die Welt auf den Kopf.

Im ersten Jahrhundert, als die Welt noch »richtig herum« stand, besaßen die einen viel und die anderen nichts. Aber die Jünger Jesu gründeten eine neue Gemeinschaft, in der Menschen anders zusammenlebten als bislang. Im zweiten und vierten Kapitel der Apostelgeschichte wird berichtet, dass sie alles teilten, was sie besaßen, sodass niemand Not leiden musste. (vgl. auch Apostelgeschichte 2,43–47 und 4,32–37)

Als die Welt noch »richtig herum« stand, war ein Mann, der gelähmt geboren wurde, dazu verurteilt, um Almosen zu betteln, damit er überleben konnte. Aber als die Apostel Petrus und Johannes einen Gelähmten sahen, der um ein paar Cent bettelte, sagte Petrus zu ihm: »Silber und Gold besitze ich nicht. Doch was ich habe, das gebe ich dir: Im Namen Jesu Christi, des Nazareners, steh auf und geh umher!« (Apostelgeschichte 3,6) Und der Mann stand tatsächlich auf und ging. Die Welt stand Kopf!

Ich schreibe mir jeden Tag ein paar Dinge auf: Notizen, Gedanken und Zitate. Seit Jahren stehen auf der ersten Seite meiner Tagebücher Worte, die der Anthropologin Margaret Mead zugeschrieben werden: »Zweifle nie daran, das eine kleine Gruppe aufmerksamer, engagierter Bürger die Welt verändern kann. Tatsächlich sind sie die Einzigen, die je etwas verändert haben.«

Die ersten Jünger, von denen die Apostelgeschichte erzählt, sind perfekte Beispiele für diese »aufmerksamen, engagierten Bürger«. Denn das Zeugnis ihres Glaubens veränderte tatsächlich alles.

Die Erzählungen der Apostelgeschichte weisen auf eine tiefere Dimension von Jüngerschaft hin: Diese ersten Jünger stellten die Welt deshalb auf den Kopf, weil Jesus von Nazareth *ihr* Leben auf den Kopf gestellt hatte. Sie wurden zu Werkzeugen der Verwandlung, weil sie durch die Nachfolge selbst verwandelt worden waren. Weil Jesus in ihrer Welt so viel verändert hatte, hatten sie die Kraft, die Frohe Botschaft zu den Menschen zu bringen.

Im Jahr 1956 reisten ein Quäker namens Bayard Rustin und ein Methodistenpfarrer namens Glenn Smiley nach Montgomery, Alabama, um den stadtweiten Busboykott mit zu organisieren, der der wachsenden Bürgerrechtsbewegung Auftrieb geben sollte. Die Fellowship of Reconciliation, eine glaubensüberspannende Friedensorganisation, hatte sie dorthin geschickt, damit sie die Anführer des Boykotts berieten.

Rustin und Smiley erkannten, dass die philosophischen und theologischen Grundlagen der Gewaltlosigkeit ein machtvolles Mittel zur gesellschaftlichen Veränderung waren. Sie forderten Martin Luther King Jr. heraus, indem sie ihn fragten: Ist Gewaltlosigkeit für Sie nur eine Taktik oder eine echte Grundüberzeugung? Sie sagten ihm, wenn die Anführer der Bewegung Gewaltlosigkeit als Taktik einsetzten, würden sie vielleicht ein paar Gesetzesänderungen zustande bringen. Aber wenn sie die Gewaltlosigkeit wirklich lebten, dann würde dies die Herzen der Amerikaner tief berühren und die amerikanische Kultur verändern. Sie warnten King aber auch, dass der Weg der Gewaltlosigkeit ihn das Leben kosten könnte.

Aus diesen Gesprächen, vielen Überlegungen und dem berührenden Erlebnis des Busboykotts entstand Kings Idee, die Lehren Jesu über gewaltloses Zeugnisgeben – wie man sie in der Bergpredigt und an anderen Stellen in der Bibel findet – zu übernehmen und mit der Praxis des Satyagraha, also Mahatma Gandhis Weg der Gewaltlosigkeit, zu verbinden. Diese Art des Vorgehens stellte nicht nur Kings Welt auf den Kopf, sondern auch das Leben vieler anderer, deren Namen weniger bekannt sind. Und wie wir heute wissen, stellte ihr Engagement auch Amerika auf den Kopf. Wir müssen als Nation noch weit gehen, bevor wir der Gerechtigkeit wirklich zum Sieg verholfen haben. Aber wir sind heute ein anderes und besseres Volk, gerade wegen der gewaltlosen Praxis von King und anderen Anführern.[34]

Die ersten Jünger Jesu bewirkten deshalb so viel, weil der Weg Jesu, der Weg des Evangeliums, der Weg Gottes für sie mehr war als nur eine Taktik. Er wurde zu einer neuen Lebensweise, die ihre bisherige Welt auf den Kopf stellte. Und das führt mich zu einer Frage: Wie sehr lassen wir es als Anhänger Jesu zu, dass die Frohe Botschaft Jesu *unser* Leben auf den Kopf stellt? Wie sehr lassen wir es als weltweite Kirche zu, dass Jesus uns selbst auf den Kopf stellt, damit wir Gottes Auftrag erfüllen können, die Welt zu verändern? Damit wir sie von dem Albtraum, als der sie sich so häufig zeigt, in den Traum verwandeln können, auf den wir so sehr hoffen?

Wie können wir Menschen zu Jüngern machen, die Jesus wirklich nachfolgen und leidenschaftlich daran arbeiten, die Welt auf den Kopf zu stellen?

Natürlich besteht unsere Reise als Nachfolger Jesu nicht nur aus Äußerlichkeiten und guten Werken. Es muss auch eine innere Reise sein, eine Reise hin zu einer vertieften Beziehung zu Gott und anderen Menschen. Praktiken wie Gebet und Meditation helfen uns dabei: Sie lassen uns geerdet bleiben; im Bewusstsein von Gottes permanenter Gegenwart und Liebe leben.

Doch um die Welt auf den Kopf zu stellen, brauchen wir auch mitfühlendes Handeln. Wo fangen wir damit an? Nur allzu leicht überwältigen uns die riesigen Aufgaben. So viele Nöte und Probleme stehen uns vor Augen, dass wir versucht sind, einfach aufzugeben. Doch Jesus zeigt uns, dass wir nicht dazu verdammt sind, im Fegefeuer des »So war es schon immer« und des »So ist es eben« zu schmoren. Wir können etwas bewirken. Wir können die Welt auf den Kopf stellen.

Vor ein paar Jahren reiste ich gemeinsam mit einigen anderen Vertretern meiner Kirche nach Burundi. Ein Jahrzehnt lang hatte das Land unter einem Bürgerkrieg gelitten. Unerträglich viele Menschen waren diesem zum Opfer gefallen, Hunderttausende Flüchtlinge lebten noch in den Nachbarländern. Doch seit der Unterzeichnung des UN-Friedensvertrages, mit dem die Kämpfe beendet worden waren, hatte Burundi angefangen, sich aus den Ruinen des Krieges herauszuarbeiten. Und die anglikanische Kirche von Burundi spielte dabei eine führende Rolle.

Für mich war klar, dass die Einsetzung des neuen Erzbischofs, zu dessen Amtseinführung wir dorthin gereist waren, für die Bewohner des Landes ein großes Hoffnungszeichen war. Sie hießen uns als Brüder willkommen und luden uns ein, mit den Bischöfen von Ruanda, Tansania, Uganda, Kenia, dem Kongo und einigen anderen gemeinsam zum Ort der Feierlichkeiten zu ziehen. Die Prozession begann am Verwaltungsgebäude der Diözese in der Hauptstadt Bujumbura, das nach all dem Krieg und Blutvergießen als einziges Gebäude zwischen den Ruinen erhalten geblieben war.

Als unsere Prozession die Straße überquerte und in das Fußballstadion einzog, wo die Amtseinführung stattfinden sollte, sangen wir *The Church's one foundation is Jesus Christ her Lord*[35]. An einer Stelle drehte ich mich um, um das Diözesangebäude zu fotografieren. In diesem Moment erschien es mir wie ein Symbol der Hoffnung: Um uns herum standen Soldaten der verschiedenen Rebellengruppen, die einst gegeneinander gekämpft hatten, jetzt aber gemeinsam in der burundischen Armee dienten. Ein Schild neben dem Eingang verriet den Namen des Gebäudes: *Peace House* – Haus des Friedens. Rund um das Gebäude war alles zerstört, doch dieses Haus war heil geblieben. Mir wurde in diesem Moment deutlich, dass es ein Symbol der Hoffnung war. Ich sah ganz deutlich, dass der Albtraum dieser Welt tatsächlich auf den Kopf gestellt und in den Traum Gottes verwandelt werden kann.

Margaret Mead hat ganz recht: »Zweifle nie daran, das eine kleine Gruppe aufmerksamer, engagierter Bürger die Welt verändern kann. Tatsächlich sind sie die Einzigen, die je etwas verändert haben.«

Unser Auftrag als Jünger ist nicht mehr und nicht weniger als das: die Welt auf den Kopf zu stellen. Es ist nicht damit getan, sie nur ein wenig zu verändern, sondern wir müssen sie tief greifend verwandeln – von dem Albtraum, als der sie häufig erscheint, in den Traum Gottes, der sie sein soll.

Wir alle haben Herausforderungen zu bestehen. Und wir werden auch weiterhin Herausforderungen erleben. Aber wir dürfen nie, niemals vergessen, dass wir einem Herrn nachfolgen, der ein blutbeflecktes Kreuz auf seiner Schulter trug. Einem Herrn, der von den Toten auferstanden ist. Einem Herrn, der uns erhält, uns liebt und niemals aufgibt.

KAPITEL 10

Das Ziel in den Blick nehmen – und weitermachen

Da stieg Petrus aus dem Boot und kam über das Wasser zu Jesus.

Matthäus 14,29

Wir haben – weiter vorne in diesem Buch – diese Erzählung schon einmal betrachtet. Hier will ich erneut darüber sprechen, denn es steckt so viel darin, dass man sie auch tausend Mal betrachten und doch immer wieder etwas Neues entdecken kann.

Ein Mann, der auf dem Wasser geht? Unmöglich! So könnte eine ganz gewöhnliche Reaktion auf diese Geschichte aussehen. Aber da dies nun einmal eine der bekanntesten Geschichten des Neuen Testaments ist, haben wir uns an den Gedanken gewöhnt. Dabei ist die Geschichte von Petrus tatsächlich einzigartig. Alle vier Evangelien erzählen davon, dass Jesus auf dem Wasser geht und den tobenden See beruhigt. (Matthäus 14,22–33; Markus 4,35–41 und 6,45–52; Lukas 8,22–25; Johannes 6,16–21) Nur das Matthäusevangelium erzählt zusätzlich davon, dass auch der Apostel Petrus übers Wasser geht. In dieser Erzählung verwebt der Autor das Wunder des Auf-dem-Wasser-Gehens mit einer wichtigen Botschaft zum Thema Jüngerschaft und dem Auftrag der Kirche. Schauen wir uns das genauer an.

Am Anfang konzentriert sich Petrus trotz allem, was passiert – Wind und Wellen und Angst – auf Jesus. In der Bibel heißt es: »Sogleich sprach Jesus zu ihnen und sagte:

Habt Vertrauen, ich bin es; fürchtet euch nicht! Petrus erwiderte ihm und sagte: Herr, wenn du es bist, so befiehl, dass ich auf dem Wasser zu dir komme! Jesus sagte: Komm! Da stieg Petrus aus dem Boot und kam über das Wasser zu Jesus.« (Matthäus 14,27 ff.) Das klingt natürlich verrückt. Aber wir sehen: Petrus' Konzentration auf den Herrn ist der Schlüssel zu seiner Fähigkeit, auf dem Wasser zu laufen. Solange Petrus sich auf Jesus konzentriert, mit ihm spricht und in Verbindung bleibt, solange die Beziehung zu Jesus hält und er auf ihn zugeht, kann Petrus tatsächlich übers Wasser gehen. Später, als Petrus sich nicht mehr auf Jesus, sondern auf den beängstigenden Wind und die Wellen konzentriert, als er nicht mehr vertraut, sondern sich fürchtet und auch nicht mehr auf Jesus zugeht, versinkt er im Wasser.

Bischof Hilarius von Poitiers schrieb im vierten Jahrhundert, dass Petrus nicht deshalb übers Wasser gehen konnte, weil er das selbst beschlossen hatte oder weil er etwas Gutes oder Wunderbares vollbringen wollte. Er war dazu in der Lage, weil er »in den Fußstapfen« Jesu ging. Solange Petrus Jesus folgte, tat er auch, was Jesus tat, nämlich auf dem Wasser gehen. Ohne sich dessen bewusst zu sein, hatte Petrus angefangen, so zu handeln wie Jesus.[36]

Ein Theologe schrieb einmal: »Die Nachfolge Christi, das heißt, das Nachleben von Jesu Lehre und das Eifern nach seinem Beispiel, ist die Essenz der Jüngerschaft. Wer das tut, ist ein Nachfolger Jesu. Jüngerschaft heißt, Jesus nachzufolgen, bis seine und unsere Fußstapfen nicht mehr voneinander zu unterscheiden sind.« Und weiter: »Wenn eine Gruppe von Menschen, die getauft sind und in der Gegenwart Gottes leben, wirklich danach strebt, Jesus nachzufolgen, wenn sie seiner Lehre nachlebt und seinem Beispiel folgt, dann geht von dieser Gemeinschaft eine missionarische Wirkung aus – denn dann werden Menschen aller Art davon angezogen werden, sich anzuschließen und Jesus ebenfalls nachzufolgen.«[37]

Jesus nachfolgen, bis seine und unsere Fußspuren nicht mehr voneinander zu unterscheiden sind – das ist der Kern, das Herz der Jüngerschaft. Wenn Petrus übers Wasser geht, ist das keine Show und keine Angeberei. Solche Dinge, so lernen wir aus Jesu frühem Aufenthalt in der Wüste, sind Versuchungen des Teufels. (Matthäus 4,1–11) Wenn Petrus übers Wasser geht, dann wird er wie Jesus. Er tut, was Jesus tut. Er wird zu Händen und Füßen, Herz und Gesicht Jesu. Theresa von Ávila hat das sehr schön ausgedrückt:

Christus hat keinen Leib außer deinem,
keine Hände und Füße auf Erden als deine.
Dein sind die Augen, mit denen er
mitfühlend diese Welt ansieht.
Dein sind die Füße, mit denen er sich aufmacht,
um Gutes zu tun.
Dein sind die Hände, mit denen er die ganze Welt segnet.

Jüngerschaft heißt, sich auf Jesus zu konzentrieren, in seinen Fußstapfen zu gehen und zu seinen Händen und Füßen in dieser Welt zu werden. Jüngerschaft heißt zu lieben, wie Jesus liebt; zu geben, wie Jesus gibt; zu vergeben, wie Jesus vergibt; Menschen anzunehmen und aufzunehmen, wie Jesus es tut. Gerechtigkeit und liebende Barmherzigkeit zu zeigen und demütig seinen Weg mit Gott zu gehen, so wie Jesus. Das Matthäusevangelium endet damit, dass Jesus seinen Jüngern sagt: »Darum geht.« Darum geht und seid meine Hände, meine Füße, mein Gesicht, meine Stimme. Und verändert die Welt! (Matthäus 28,19 f.)

Wenn wir Jesus so vertrauen, hat das Folgen. Nicht nur für uns persönlich, sondern auch für das Leben der Kirche. Rowan Williams hat einmal geschrieben, die Einheit der Kirche entstehe *durch den gemeinsamen Blick auf Christus und von Christus auf den Vater. Wenn wir unseren Blick fest auf dieses Geheimnis richten und uns dabei gelegentlich mit dem Ellbogen anstoßen und sagen: ›Schau dir das an!‹, dann werden wir verstehen, dass unsere Einheit nicht das Ergebnis gleichlautender Dogmen ist. Wir müssen nicht ständig alle dasselbe sagen. Die Einheit ergibt sich aus der gemeinsamen Blickrichtung.*[38]

Wie ermutigen, stärken und rüsten wir uns, damit wir den Blick auf Jesus gerichtet halten können? Damit wir Hände und Füße Jesu in der Welt werden? Damit wir als Gemeinschaften wachsen, in denen Menschen zu Jüngern werden, die in die Welt hinausgehen, um diese zu verändern? Wie helfen wir Menschen, Jesu Botschaft, sein Leben und seine Lehre in den Mittelpunkt ihres Lebens zu stellen? Wie helfen wir ihnen, in den Fußstapfen Jesu zu bleiben? Wie ermutigen wir uns gegenseitig, in der Beziehung zu Gott weiter zu wachsen, durch Gebet, Meditation, Tage der

Stille, oder den Gottesdienst? Das ist unsere große Herausforderung, eine dringende Notwendigkeit, unser Auftrag.

Im Matthäusevangelium sehen wir zwei Dimensionen von Jüngerschaft. Wir werden erstens Jünger, indem wir in den Fußstapfen Jesu gehen und seine Hände und Füße werden. Und zweitens zeigt uns das Matthäusevangelium, wo wir Jesus finden und wo wir ihm dienen können. Das Gleichnis vom Weltgericht im 25. Kapitel gibt uns die Antwort: »Was ihr für einen meiner geringsten Brüder und eine meiner geringsten Schwestern getan habt, das habt ihr mir getan.« (Matthäus 25,40) Im Schrei menschlicher Not, im Schmerz menschlicher Herzen, im Angesicht Niedergeschlagener und im Leben derer, die durch irgendeinen menschlichen Beschluss oder menschliches Handeln ausgestoßen sind – dort sehen wir das Gesicht Jesu und hören seine Stimme.

Jüngerschaft heißt also, in seinen Fußstapfen zu gehen, seine Hände und Füße in der Welt zu sein und gleichzeitig seine Gegenwart in unseren Mitmenschen zu suchen. Im Taufversprechen heißt es: »Willst du Christus in allen Menschen suchen und ihm dienen, willst du deinen Nächsten lieben wie dich selbst?«[39]

Manchmal bedeutet das, anderen zu dienen und ganz konkrete Werke zu tun. Manchmal geht es um Mitgefühl, darum, ein weites Herz für andere zu haben. Und manchmal ist es schon damit getan, dass ein Kind Gottes einem anderen Kind Gottes Bruder oder Schwester ist. Für uns als Christen geht es dabei immer darum, in den Fußstapfen Jesu zu gehen, den Blick auf ihn gerichtet. Wir wollen ihm in anderen Menschen dienen, um in der Welt Zeugnis von ihm abzulegen.

Vor ein paar Jahren haben wir beschlossen, mit unserem Diözesanbüro umzuziehen. Es ging uns darum, ein Zeichen zu setzen, dass wir Jesus dort dienen, wo wir ihn in der Welt finden. Die Diözese North Carolina hatte ihre Zentrale in den ruhigeren und vornehmeren Vororten der Stadt, aber wir waren entschlossen, sie mitten ins Zentrum zu verlegen. Ich glaube, ein Bischofssitz sollte in der Stadtmitte liegen und so ein sichtbares und spürbares Zeugnis vom Evangelium ablegen. Mittlerweile liegt die Zentrale nur einen Häuserblock vom zentralen Verwaltungs- und Regierungsgebäude der Stadt entfernt, gegenüber einer Suppenküche. Dies ist nicht nur eine Investition in die Zukunft unserer Stadt, sondern auch ein sichtbares Zeichen der Gegenwart Jesu. Auf diese Weise können wir sein Kreuz in der Mitte der Stadt aufstellen, dort, wo Gesetze entworfen und Geschäfte gemacht werden. Das heißt es für uns, Hände, Füße, die Gegenwart Christi in der Welt zu sein.

Jesus hat zu seinen ersten Jüngern gesagt: »Ihr werdet meine Zeugen sein in Jerusalem und in ganz Judäa und Samarien und bis an die Grenzen der Erde.« (Apostelgeschichte 1,8) Unterschätzen wir die Kraft unseres Zeugnisses nicht.

Ende der Dreißigerjahre gingen eine schwarze Frau und ihr kleiner Sohn eine Straße in Südafrika hinunter. Ein weißer Priester im langen Gewand kam ihnen entgegen. Als er an Mutter und Kind vorbeiging, lüftete er kurz den

Hut. Das tat ein Gentleman zu dieser Zeit eigentlich nur, wenn er an einer *weißen* Dame vorbeiging. Jahre später erinnerte sich der Junge mit den folgenden Worten an dieses Erlebnis: »Ich wäre fast umgefallen … Er grüßte meine Mutter, indem er den Hut lüftete. Für ihn war das wahrscheinlich nichts Besonderes. Aber dass ein Weißer das für eine schwarze Frau tat, die im Südafrika dieser Zeit ganz einfach ein Nichts war, schien mir verrückt.«[40]

Der Priester war Mönch und Missionar. Aber an diesem Tag waren die Hände, die den Hut abnahmen, die Hände Jesu. Sie achteten die Gegenwart Jesu in dieser schwarzen Frau und ihrem schwarzen Sohn. Dieser Akt voller Anmut und Respekt veränderte das Leben des Jungen, der als Erwachsener großen Einfluss auf das Schicksal seines Landes haben sollte. Dieser kleine Junge, der da mit seiner Mutter die Straße entlangging, sollte Erzbischof von Kapstadt und eine Schlüsselfigur in der Bewegung gegen die Ungerechtigkeit der Apartheid werden. Sein Name war Desmond Tutu. Wie gesagt: Wir sollten die Kraft unseres Zeugnisses nie unterschätzen. Im Hebräerbrief (12,1 f.) höre ich unseren Auftrag, unseren Marschbefehl:

Darum wollen auch wir, die wir eine solche Wolke von Zeugen um uns haben, alle Last und die Sünde abwerfen, die uns so leicht umstrickt. Lasst uns mit Ausdauer in dem Wettkampf laufen, der vor uns liegt, und dabei auf Jesus blicken, den Urheber und Vollender des Glaubens; er hat angesichts der vor ihm liegenden Freude das Kreuz auf sich genommen, ohne auf die Schande zu achten, und sich zur Rechten von Gottes Thron gesetzt.

Wir müssen uns wieder der Aufgabe widmen, Menschen zu Jüngern Jesu zu machen, zu Menschen, die die Welt auf den Kopf stellen. Wir müssen wie Petrus werden und unseren Blick fest auf Jesus richten, damit wir Jesu Hände und Füße in dieser Welt werden können.

Und dann lassen Sie uns losgehen und Zeugen der versöhnenden Liebe Gottes sein, die wir in Jesus kennenlernen dürfen. »Darum geht«, heißt es. Gehen Sie und legen Sie Zeugnis ab von der Gerechtigkeit, dem Mitgefühl und der Vergebungsbereitschaft Gottes. Gehen Sie und helfen Sie Gott, damit der Albtraum dieser Welt endet und Gottes Traum wahr wird. Gehen Sie und werden Sie zu Händen und Füßen, zum Gesicht und zu den offenen Armen unseres Herrn Jesus Christus in dieser Welt.

KAPITEL 11

Der ausgestreckte Arm Jesu und die unendliche Reichweite der Liebe

Unter den Pilgern, die beim Fest Gott anbeten wollten, gab es auch einige Griechen. Diese traten an Philippus heran, der aus Betsaida in Galiläa stammte, und baten ihn: Herr, wir möchten Jesus sehen. Philippus ging und sagte es Andreas; Andreas und Philippus gingen und sagten es Jesus. Jesus aber antwortete ihnen: Die Stunde ist gekommen, dass der Menschensohn verherrlicht wird. […] Jetzt wird Gericht gehalten über diese Welt; jetzt wird der Herrscher dieser Welt hinausgeworfen werden. Und ich, wenn ich über die Erde erhöht bin, werde ich alle zu mir ziehen.

Johannes 12,20–23; 31 und 32

Dieser Text verblüfft mich jedes Mal, wenn ich ihn lese. In ihm geschieht nicht weniger, als dass uns die geheimsten Gedanken Gottes offenbart werden. Das Herz Gottes liegt darin offen vor uns. Schauen wir uns das genauer an.

Die Ereignisse, von denen der Autor des Johannesevangeliums hier erzählt, geschehen unmittelbar vor Jesu Tod am Kreuz. Kurz nachdem er die Worte »Und ich, wenn ich über die Erde erhöht bin, werde ich alle zu mir ziehen« gesprochen hat, wird er verhaftet, verurteilt und hingerichtet. Im Schatten des Kreuzes nun berichtet uns der Autor des Johannesevangeliums von dem Detail, dass unter denjenigen, die Jesus suchten, auch »einige Griechen« waren. Mehr noch: Er erzählt, dass diese Griechen zu Philippus gingen. Das ist kein Zufall, denn sein Name ist griechischen Ursprungs. Zudem wissen wir, dass Philippus aus Betsaida stammte, einer im Wesentlichen von Heiden bewohnten Stadt am nordöstlichen Ufer des Sees Genezareth. Für die Menschen in Jerusalem war Betsaida weit, weit weg: ein Nest im Norden von Palästina.

War es die Annäherung dieser »Außenseiter«, die Jesus inspiriert hat, die Bedeutung seines Todes genauer zu erklären? Den Zuhörern zu offenbaren, warum er in die Welt gekommen ist und wofür er bereit ist, sein Leben zu opfern? Denn genau das ist es, was er tut, wenn er dieses starke Bild gebraucht: »Wenn ich über die Erde erhöht bin, werde ich alle zu mir ziehen.«

Wer waren diese Griechen, und warum sind sie so wichtig? In einem Kommentar zum Johannesevangelium heißt es, der Begriff »Griechen« in dieser Passage beziehe sich auf »die Heiden im Römischen Reich, die von der griechischen Kultur beeinflusst waren«[41]. »Griechen« schließt also alle ein, die keine Juden waren. »Griechen« meint »Fremde«. Unbeschnittene, nicht Teil des Bundes, nicht auserwählt. Heidnisch und barbarisch. Griechen heißt »niemand von uns«, Außenseiter, manchmal sogar Ausgestoßene. Und nun kommen einige Griechen und suchen Jesus, und das alles im Schatten des Kreuzes. Und Jesus antwortet: »Jetzt wird Gericht gehalten über diese Welt; jetzt wird der Herrscher dieser Welt hinausgeworfen werden. Und ich, wenn ich über die Erde erhöht bin, werde ich alle zu mir ziehen.«

Die Worte Jesu machen seine Sehnsucht deutlich, seinen Traum für uns, seinen Plan und seinen Auftrag: alle Menschen zu sich ziehen, einladen, willkommen heißen, alle in die Arme nehmen, die »am harten Holz des Kreuzes«[42] ausgestreckt sind.

Indem Jesus uns näher zu Gott zieht, zieht er uns auch näher zueinander. Im Epheserbrief heißt es, in Jesus habe Gott uns »das Geheimnis seines Willens kundgetan, wie er es gnädig im Voraus bestimmt hat in ihm. Er hat beschlossen, die Fülle der Zeiten heraufzuführen, das All in Christus als dem Haupt zusammenzufassen«. (Epheserbrief 1,9 f.) Oder wie Jesus sagt: »Wenn ich über die Erde erhöht bin, werde ich alle zu mir ziehen.«

Dieses Zusammenziehen, diese Einladung, diesen Auftrag, alle willkommen zu heißen, dieses Versammeln zieht sich durch die gesamte Bibel. Wir erkennen es im zweiten Kapitel beim Propheten Jesaja, wo der Prophet die verschiedenen Völker und Nationen beschreibt, wie sie zum Berg Gottes ziehen, um seinen Willen zu erfahren; damit sie ihre Schwerter zu Pflugscharen umschmieden und ihre Speere zu Winzermessern. (Jesaja 2,1–4)

Wir erkennen es in der Genealogie Jesu im Matthäusevangelium, wo in den durch und durch jüdischen Stammbaum Jesu auch Heiden aufgenommen werden, wie Rahab von Jericho und Ruth, die Urgroßmutter Davids. (Matthäus 1,1–17) Wir erkennen es in der Epiphaniasgeschichte, wo die Weisen dem neugeborenen jüdischen Messias ihre Geschenke darbringen. Und wir hören von diesem Zusammenziehen, diesem Versammeln, dieser Einladung, diesem Auftrag, alle willkommen zu heißen, im Matthäusevangelium, wenn Jesus sagt: »Kommt alle zu mir, die ihr mühselig und beladen seid! Ich will euch erquicken.« (Matthäus 11,28) Wir hören davon im Johannesevangelium, wenn Jesus sagt: »Ich bin der gute Hirt; ich kenne die Meinen und die Meinen kennen mich [...] Ich habe noch andere Schafe, die nicht aus diesem Stall sind; auch sie muss ich führen und sie werden auf meine Stimme hören; dann wird es nur eine Herde geben und einen Hirten.« (Johannes 10,14.16) Wir finden diesen Auftrag im

Geschehen von Pfingsten wieder, wo Menschen aus allen Nationen und Völkern denselben Geist spüren und dasselbe Evangelium hören. (Apostelgeschichte 2) Wir finden ihn im zehnten Kapitel der Apostelgeschichte wieder, wo Petrus, gehorsamer Jude, der er ist, erfährt, dass Gottes Traum größer ist, als er sich jemals vorstellen konnte, und dass Heiden *und* Juden Teil davon sind. Wir finden ihn, wenn Paulus sagt, dass unter denen, die auf Jesus getauft sind, »nicht mehr Juden und Griechen sind, nicht Sklaven und Freie, nicht männlich und weiblich«, »denn ihr alle seid einer in Christus Jesus.« (Galaterbrief 3,28) Wie Jesus es zu Andreas und Philippus sagt: »Wenn ich über die Erde erhöht bin, werde ich alle zu mir ziehen.«

Das Johannesevangelium berichtet von einem besonderen Moment der Kreuzigung. Jesus steht kurz vor dem Tod. Mit letzter Kraft sieht er durch Blut, Schweiß und Tränen hindurch seine Mutter unter dem Kreuz stehen. Daneben steht einer seiner Jünger, der »der Jünger, den Jesus lieb hatte«, genannt wird. Mit seinen letzten Atemzügen spricht Jesus die beiden an. Ich sehe ihn förmlich vor mir, wie er den Kopf dreht und zu Maria sagt: »Frau, das ist dein Sohn.« Und sich dann dem Jünger zuwendet und sagt: »Das ist deine Mutter.« Das Evangelium berichtet uns, dass der Jünger Maria daraufhin in sein Haus und seine Familie aufnahm. In diesem Moment entsteht eine neue menschliche Gemeinschaft. Der Autor des Johannesevangeliums schreibt weiter, danach habe Jesus gewusst, dass nun alles getan sei. Er sagt: »Es ist vollbracht«, neigt den Kopf und stirbt. (Johannes 19,26–30)

Und Jesus sagt: »Wenn ich über die Erde erhöht bin, werde ich alle zu mir ziehen.«

Wenn wir näher zu Gott gezogen werden, kommen wir auch einander näher, denn wir sind alle Kinder des einen Gottes, der uns erschaffen hat. Und wenn Gott uns zu sich zieht, dann wirkt der Heilige Geist, und wir erleben die Kraft von Pfingsten, die Kraft jenes Tages, den Christen aller Jahrhunderte als den Geburtstag der Kirche feiern. Paulus sagt: »Wenn also jemand in Christus ist, dann ist er eine neue Schöpfung: Das Alte ist vergangen, siehe, Neues ist geworden.« (2. Korinther 5,17) Jesus spricht hier nicht von einer Renovierung. Er spricht von einer neuen Kirche!

Ein paarmal habe ich einen kurzen Blick darauf werfen dürfen, wie diese neue Kirche aussehen kann. In einer lateinamerikanisch geprägten Gemeinde habe ich die unglaubliche Freude gesehen, mit der Menschen aus vielen verschiedenen Kulturen Gottesdienst feierten und dabei alle ethnischen und kulturellen Grenzen überwanden. Diese Einheit war ein äußeres, sichtbares Zeichen der tiefen, unsichtbaren Arbeit, die Gott unter uns leistet. In Gottesdiensten wie diesem, wo die unglaubliche Vielfalt der Kirche hervortritt, wo wir unsere Gaben, Fähigkeiten und Segnungen miteinander teilen, legen wir unsere Hände in Gottes ewige Hand, wie meine Großmutter sagen würde. Und heraus kommt etwas Wunderschönes – ein neues Pfingsten. Eine neue Kirche!

Was würde passieren, wenn die Kirche diese Art von Beziehung, gegenseitiger Unterstützung und gemeinsamem Dienen immer und überall leben würde? Stellen Sie sich das mal vor! Was würde geschehen, wenn wir Beziehungen zueinander aufbauen, durch die wir uns gegenseitig unterstützen und zum gemeinsamen Dienst ermutigen? Beziehungen, die uns in Christus miteinander verbinden – damit die Kirche wachsen, sich entwickeln, Zeugnis ablegen und der Welt im Namen Jesu dienen kann?

Ich spreche nicht von einer Renovierung, sondern von einer erneuerten Kirche. Wir haben es hier mit einem Paradox zu tun. Die erneuerte Kirche, von der ich spreche, ist nicht deshalb neu, weil sie sich vom Alten trennt. Diese neue Kirche entsteht nicht aus dem Nichts. Diese neue Kirche wird dadurch neu, so paradox das klingen mag, dass sie sich an ihre apostolischen Wurzeln erinnert, aus denen die Kirche damals, am ersten Pfingstfest, überhaupt erst erwachsen ist.

Natürlich kann ein solches Zusammenziehen so unterschiedlicher kirchlicher Traditionen manchmal unbequem sein. Häufig wäre es einfacher, auf Abstand voneinander, auf Distanz zu bleiben. Wir Menschen neigen dazu, uns an die zu halten, die uns ähnlich sehen, die ähnlich handeln wie wir, mit denen wir in möglichst vielem übereinstimmen. Aber die ausgestreckten Arme Jesu am Kreuz umfassen nicht nur unsere Freunde. Ganz und gar nicht. Diese ausgestreckten Arme Jesu umfassen uns alle, jeden Einzelnen, der in die Reichweite seiner erlösenden Umarmung kommt. Sie umfassen die gesamte Schöpfung.

Das Zweite Vatikanische Konzil hat erklärt, Teil des kirchlichen Auftrags sei es, ein Zeichen in der Welt zu sein für den Traum, den Gott für die gesamte Schöpfung hat.[43]

Ich erlebe, wie ein wachsender ökumenischer und interreligiöser Konsens über diese Ansicht entsteht.[44] Immer mehr kommen wir zu der gemeinsamen Überzeugung, dass Gottes Traum nicht an irgendeiner Kirchentür endet und sogar die Religionen überspannt. Als Kirche haben wir nicht zuletzt den Auftrag, uns mit Menschen guten Willens in allen Religionen zu verbinden, um eine weltweite Gesellschaftsordnung aufzubauen, die Gottes Traum und Vision für uns alle spiegelt.

Diese Vision ist der Hauptgrund dafür, warum sich die Kirche der Überwindung von Armut und der Arbeit an den Millennium-Entwicklungszielen[45] widmen muss. Hunger kennt keine Religion. Leiden kennt keine Hautfarbe. Ungerechtigkeit und Unterdrückung gibt es überall. Armut macht vor keinem Glaubensbekenntnis halt. Blut ist immer rot, Schmerz tut immer weh. Wir atmen alle den gleichen Sauerstoff. Oder wie der Prophet Maleachi sagt: »Haben wir nicht alle einen Vater? Hat uns nicht ein Gott geschaffen?« (Maleachi 2,10) Wir und alle Geschöpfe mitsamt der Umwelt, in der wir leben, sind Teil der Familie Gottes, die sich Schöpfung nennt. Deshalb ist die Arbeit gegen die Armut, gegen den Hunger, gegen die Zerstörung unserer natürlichen Umwelt eine Arbeit, die uns als Gottes Schöpfung näher zusammenbringt.

Während meiner letzten Sabbatzeit habe ich ausgeruht, Zeit mit meiner Familie verbracht und – obwohl ich mich eigentlich für ziemlich unmusikalisch halte – Geigenstunden genommen. Das hatte ich schon längst einmal tun wollen.

Die Sabbatzeit war eine Zeit der Besinnung. Sie schenkte mir den Raum, einen Schritt zurückzutreten und nachzudenken. Ich bin 1978 zum Priester geweiht worden und empfinde es als einen großen Segen und ein echtes Privileg, der Kirche dienen zu dürfen. Ich liebe unseren Herrn. Ich liebe die Kirche. Die Sabbatzeit war eine wichtige Station auf meinem Weg, weil sie mir Zeit und Raum schenkte, das zu tun, was niemals schaden kann: »Ein bisschen mit Jesus zu reden«, wie meine Großmutter zu sagen pflegte. Und sie gab mir Gelegenheit, meine Fantasie spielen zu lassen. Ich ertappte mich dabei, über sehr grundlegende Fragen nachzudenken: Was ist wirklich wichtig? Was für ein Leben führe ich? Worum geht es tatsächlich im Evangelium? Ist die Kirche nur Spielerei, eine Show, oder tut sich dort wirklich etwas Bedeutsames? Ich fragte mich: Was bewegt mich eigentlich, was spornt mich an? Was glaube ich ganz tief in mir drin?

Und immer wieder stellte ich fest: Tief in meinem Herzen glaube ich, dass Jesus es wirklich so meint, wenn er sagt: »Mein Haus wird ein Bethaus heißen für alle Völker.« (Jesaja 56,7; Markus 11,17) Als Jesus das sagte, zitierte er eine Textstelle aus dem Propheten Jesaja, in der es darum geht, dass die Ausgeschlossenen und Ausgestoßenen wieder aufgenommen werden. Als Jesus diese Worte sagte, hatte er gerade alle verblüfft, indem er die Tische der Geldwechsler im Tempel umgestoßen hatte. Und er machte keinen Rückzieher. Er meinte wirklich, was er sagte. Laut und deutlich.

Jesaja und Jesus zeigen mir, dass Gott sich eine Kirche wünscht, die ein Haus des Gebets für alle ist. Und das heißt wirklich, wahrhaftig, gleichermaßen und absolut alle! Für die Vertreter einer konservativen Theologie ebenso wie für die einer liberalen Theologie – alle. Für Europäer, Amerikaner, Asiaten, Afrikaner, ja sogar für »Griechen« – alle! Für Schwule und Lesben, Bisexuelle und Transsexuelle ebenso wie für Heteros! Für Arme, Wohlhabende und jeden dazwischen. Einfach wirklich für alle!

Jesaja hat es gesagt. Jesus hat es gesagt: »Mein Haus wird ein Bethaus heißen für alle Völker.«

Ich denke an die Worte Jesu, kurz bevor er verhaftet, verurteilt und hingerichtet wurde: »Wenn ich über die Erde erhöht bin, werde ich alle zu mir ziehen.«

Das ist Gottes Vision. Er wünscht sich eine Kirche, die so offen ist für die Menschen wie die ausgestreckten Arme Jesu am Kreuz. Als Kind Gottes, als getaufter Jünger, als Mensch, als Nachkomme von Sklaven in North Carolina und Alabama, als Vater und Großvater, als Bischof und als Ihr Bruder sage ich Ihnen: Das ist die Vision, an die ich glaube. Gottes Vision, der ich aus tiefstem Herzen folge.

KAPITEL 12

Gottes Traum und unsere Hoffnung

Denn es hat Gott gefallen, alle Fülle in ihm (Jesus) wohnen zu lassen und durch ihn alles zu versöhnen zu ihm hin, es sei auf Erden oder im Himmel, indem er Frieden machte durch sein Blut am Kreuz.

Kolosserbrief 1,19 und 20

Im August 1587 wurde ein amerikanischer Ureinwohner aus dem Volk der Algonquin namens Manteo gemeinsam mit einer neugeborenen Tochter englischer Siedler namens Virginia Dare getauft. Es waren die beiden ersten dokumentierten Taufen, die die anglikanische Kirche in Nordamerika durchführte. Dass an diesem Tag an der Küste von North Carolina ein erwachsener Ureinwohner und die Tochter englischer Siedler getauft wurden, war, wie man damals gesagt hätte, ein Zeichen göttlicher Vorsehung. Gott wollte uns damit etwas sagen!

Im 17. Jahrhundert schrieb der Theologe John Donne:

Die Kirche ist katholisch, universal, und das gilt auch für all ihr Tun. Was sie tut, gehört allen. Wenn sie ein Kind tauft, geht mich das etwas an, denn alle Menschen sind vom selben Gott erschaffen. […] Niemand ist eine Insel, die ganz allein steht, jeder Mensch ist Teil eines Kontinents, eines großen Ganzen. Wenn ein Stein vom Meer weggespült wird, ist Europa ein Stückchen kleiner geworden. […] Jeder Tod eines Menschen macht mich kleiner, weil ich ein Teil der Menschheit bin. Deshalb frage nie, wem die Stunde schlägt. Sie schlägt immer auch dir.[46] Donne beschreibt hier eine wunderbare und Hoffnung spendende Vorstellung: die Idee einer miteinander verbundenen und verwobenen Menschheitsfamilie. Einer Familie, in der niemand kleingemacht wird, die niemanden ausschließt und in der jedem mit Wertschätzung begegnet wird.[47]

Eines macht Donnes Idee deutlich: In dieser Welt wird wirklich jeder gebraucht, niemand kann ohne den anderen leben.

Die Wurzel dieser Idee geht sehr tief. Die Vorstellung einer Menschheit, die miteinander verwoben und verbunden ist, ist letztlich begründet in der Lehre und dem Beispiel Jesu. Sie kommt direkt aus dem Herzen Gottes. In Jesus hat es »Gott gefallen, alle Fülle wohnen zu lassen und durch ihn alles zu versöhnen zu ihm hin, es sei auf Erden oder im Himmel«. (Kolosserbrief 1,19 f.) Alle Fülle! Der Schreiber des Briefes an die Kolosser setzt keine Fußnote, um diesen Gedanken einzuschränken, keine Klammern, kein Sternchen. In Gottes Welt, in Gottes guter Schöpfung, meint »alle« wirklich alle!

Wir sehen diese Fülle im Leben und im Dienst Jesu verkörpert. Wir sehen, dass es Gott gefallen hat, in ihm alle Fülle wohnen zu lassen und durch ihn alle miteinander zu versöhnen. Jesus hat sich in seinem Dienst und seiner Verkündigung, in seinem Tod und seiner Auferstehung immer darauf konzentriert, zu heilen, zu geben, zu vergeben, zu versöhnen. Und er hat immer, immer allen das Bild vom Reich Gottes vor Augen gestellt.

Natürlich bedeutet die Lehre von der Vergebung und der Versöhnung nicht, dass alles erlaubt ist. Das gilt für die Jünger zur Zeit Jesu genauso wie für die heutige Kirche. Im Gegenteil, die Gemeinschaft, in die uns Gott beruft, ist eine

Gemeinschaft von Jüngern, die in die Wirklichkeit des dreieinigen Gottes hinein getauft sind. Und diese Jünger sind dazu verpflichtet, ihr Taufversprechen zu halten, indem sie der Lehre Jesu folgen, indem sie so leben wie Jesus und das Evangelium zu ihrer Richtschnur machen, kurz: indem sie in Jesu Fußstapfen gehen. Als Menschen, die miteinander versöhnt sind, als Leib Christi, der in dieser Welt etwas bewirken soll.

Auf meinen Reisen erlebe ich oft Gemeinschaften von Jüngern, die sich voll und ganz auf den Ruf des Herrn einlassen. Ein Beispiel dafür ist eine Gemeinde in einer kleinen Stadt im Vorgebirge der Blue Ridge Mountains. Während des Krieges im Irak und in Afghanistan hatten einige Menschen dort das Gefühl, dass Gott ihnen einen Weg zeigte, wie sie in dieser schwierigen Zeit ein deutliches Zeichen für die Lehre Jesu setzen könnten. Sie beschlossen, mit etwas zu beginnen, mit dem schon vieles in der Kirchengeschichte begonnen hat, nämlich mit Gottesdienst und Gebet.

Als sie ihre erste »Liturgy for Peace« hielten, kamen nur zwölf Leute. Sie hatten auf mehr gehofft, aber einer von ihnen sagte: »Jesus hat auch mit zwölf Menschen angefangen, und es ging doch ganz gut weiter.« Also führten sie die Treffen fort. Nach einer Weile hörten Leute aus anderen Kirchen davon und schlossen sich an. Heute ist die Gruppe groß geworden. Einmal im Monat trifft sie sich zum Gebet, zum Bibelstudium und zum praktischen Tun. Jede Woche gibt es ein Gebetstreffen unter freiem Himmel, sie schreiben an Politiker auf bundesstaatlicher und nationaler Ebene wie auch an die Medien, um Frieden zu fordern.

Die Gruppe, die so klein begann, überwindet inzwischen alle Konfessionsgrenzen. Mitglieder der römisch-katholischen Kirche, Baptisten und Presbyterianer gehören ebenso dazu wie Veteranen aus dem Zweiten Weltkrieg, dem Koreakrieg und dem Vietnamkrieg, Demokraten, Republikaner, Liberale und Konservative. Für mich zeigt sich hier Gottes wahr gewordene Vision für seine Kirche. Jesu Vision davon, wie Jüngerschaft und Dienst in der heutigen Zeit aussehen müssen.

Wenn wir so miteinander verbunden sein wollen, wie Jesus es uns aufgetragen hat, müssen wir eine Kirche schaffen, die nicht nur gastfreundlich ist, sondern sich wirklich um alle kümmert. Dazu müssen wir unsere Komfortzone verlassen. Und das macht uns Angst. Ich selbst mag meine Komfortzone sehr. Aber wenn wir sie dennoch verlassen und auf andere zugehen, dann bin ich überzeugt, dass etwas Besonderes passieren kann.

Ich denke an zwei Gemeinden in einer Stadt im Osten von North Carolina. Die eine Gemeinde besteht hauptsächlich aus Lateinamerikanern, die andere aus Schwarzen. Diese beiden Gemeinden haben sich aus dem Bekannten und Vertrauten herausgewagt. Als das Hauptgebäude der einen Gemeinde durch ein Feuer zerstört wurde, taten sie sich – aller Unterschiedlichkeit zum Trotz – zusammen. Mit Spenden unserer Kirche und getragen von Freunden und Ehrenamtlichen haben sie ein gemeinsames Gemeindehaus gebaut, in dem Gott angebetet wird, wo Kinder ihre Hausaufgaben machen, wo Essen ausgeteilt wird und wo sich eine Gruppe der Anonymen Alkoholiker trifft. Hier versammeln sich Menschen, um gemeinsam zu leben. Sie haben eine Gemeinschaft geschaffen, die Menschen mit vielen verschiedenen Sprachen, Hautfarben und Lebensweisen miteinander verbindet. Diese Gemeinde ist ein lebendiges Beispiel des Leibes Christi in all seiner wunderbaren Menschlichkeit und Vielfalt, nicht nur an Sonntagen, sondern an jedem einzelnen Tag der Woche.

Große Risiken machen uns Angst, aber sie lohnen sich auch. Ich denke, deshalb malte Michelangelo das Bild der Erschaffung des Menschen in der Sixtinischen Kapelle so, dass die Hand Gottes das Risiko eingeht, über die Ewigkeit hinaus in unsere Zeit zu greifen. Gott geht das Risiko ein, die ausgestreckte Hand des Menschen zu berühren. Ich bin überzeugt, so war es auch, als vor zweitausend Jahren in Bethlehem ein kleines Kind geboren wurde. Gott verlässt sein himmlisches, ewiges Reich und geht aus lauter Liebe das Risiko ein, sich zu uns zu begeben. »Im Anfang war das Wort, und das Wort war bei Gott, und Gott war das Wort. […] Und das Wort ward Fleisch und wohnte unter uns, und wir sahen seine Herrlichkeit, eine Herrlichkeit als des eingeborenen Sohnes vom Vater, voller Gnade und Wahrheit.« (Johannes 1,1.14)

Das ewige Wort Gottes wurde Mensch und lebte unter uns. Wenn wir unsere Komfortzone verlassen und es wagen, die Hände auszustrecken, erleben wir die Chance auf etwas Wunderbares, Unglaubliches, vielleicht sogar auf ein echtes Wunder, das unter uns Gestalt annimmt.

Vor Jahren fragte mich mal jemand: »Worin sehen Sie die größte Herausforderung für die Kirche?« Ohne zu zögern antwortete ich: »E pluribus unum – aus der Vielfalt zur Einheit.« John Adams, Thomas Jefferson und Benjamin Franklin haben im Jahr 1776 dafür gesorgt, dass dieses Motto ins große Siegel der Vereinigten Staaten aufgenommen wurde. Damals ging es um die Frage, wie man aus dreizehn unabhängigen und sehr unterschiedlichen Staaten eine Nation bilden könnte. Sie konnten nicht ahnen, dass dieses Motto auch in späteren Jahrhunderten die eine große Herausforderung – und die eine große Hoffnung – des amerikanischen Experiments umschreiben würde: Können wir aus einer solchen Vielfalt wirklich eine Einheit machen? Und ist es uns möglich, zu einer tieferen Einheit zu kommen, ohne unsere Vielfalt aufzugeben?

In der gesamten amerikanischen Geschichte hat diese Herausforderung eine große Rolle gespielt. Ganz egal, ob es dabei um das Verhältnis zwischen den einzelnen Bundesstaaten und der Union ging, um die Sklaverei und den Bürgerkrieg, das Wahlrecht und die Rechte der Frauen, die Menschen- und Bürgerrechte mit Blick auf Hautfarbe, Geschlecht, sexuelle Orientierung und Einwanderung: Das Ideal des »E pluribus unum« stellt uns vor eine bedeutende und oft genug verstörende Herausforderung.

Das gilt im Übrigen auch, wenn wir die Weltgeschichte vor dem Hintergrund dieses Ideals betrachten. Können Israelis und Palästinenser eines Tages ihre Schwerter und Schilde niederlegen? Können Gruppen, die sich seit Jahrtausenden bekriegen, ihre Konflikte beilegen? Können die Wölfe und Lämmer dieser Welt eines Tages endlich beschließen, ihre Feindschaft aufzugeben und sich auf Gottes heiligem Berg ganz einfach friedlich zusammen hinzulegen?

»E pluribus unum« stellt aber auch uns als Weltkirche vor eine große Herausforderung. Ist es uns als Christenheit möglich, unsere Verschiedenheit anzunehmen, zu respektieren und zu einer echten Gemeinschaft zu werden? Letztlich wird die Frage, ob wir diese Herausforderung meistern, das Schicksal der Erde bestimmen.

Martin Luther King hatte recht, als er sagte: »Wir müssen gemeinsam lernen, als Brüder und Schwestern zusammenzuleben. Sonst werden wir gezwungen sein, als Narren unterzugehen.«[48] Für die Kirche, für die Gemeinschaft der Nachfolger Jesu, ist es von größter Bedeutung, sich auf diese Herausforderung zu konzentrieren. Das gilt sowohl für uns heute als auch für die Generationen, die nach uns kommen.

Auf einer Konferenz der anglikanischen Bischöfe versammelten wir uns im Jahr 2008 in sogenannten »Indaba«-Gruppen. »Indaba« ist das Zulu-Wort für eine Konferenz oder einen Rat der Weisen. Rowan Williams, damals noch Erzbischof von Canterbury, beschrieb diese Gruppen als Orte, wo die Bischöfe »sich zusammensetzen, um Probleme zu besprechen, die sie alle angehen, wo jeder eine Stimme hat und in denen es darum geht, Einmütigkeit herzustellen und eine gemeinsame Geschichte zu entwickeln, die alle erzählen können, wenn sie auseinandergehen«[49]. In unseren Gruppen diskutierten wir über Umweltschutz und die Auswirkungen des Klimawandels. Diejenigen unter uns, die aus Industrienationen kamen, hatten zum Klimawandel wenig zu sagen, im Gegensatz zu den Bischöfen aus Entwicklungsländern, die uns baten, ihre Geschichten weiterzuerzählen, wenn wir nach Hause fuhren.

Ich hörte, wie der Bischof der Diözese Kilimandscharo davon berichtete, dass die schneebedeckten Gipfel des großen Kilimandscharo abschmelzen. Der Bischof von Fidschi erzählte uns, dass seine Regierung mit Australien und Neuseeland über die Aufnahme von Flüchtlingskontingenten verhandelt, die überlebenswichtig werden, wenn der Meeresspiegel weiter steigt und ihre Häuser und Geschäfte bedroht. Der Bischof der Solomonen-Inseln formulierte eine sehr beredte und leidenschaftliche Bitte. Dieser kleine, ruhige, distinguierte Mann stand auf und sagte: »Ich bitte Sie, die Amerikaner, Ihrer Regierung zu helfen, die Erderwärmung umzukehren. Denn unsere Inseln sterben langsam. Bitte helfen Sie uns, und sei es nur, weil wir Ihnen auch schon einmal geholfen haben. Mein Volk hat während des Zweiten Weltkriegs John F. Kennedy gerettet. Wir waren immer Ihre Freunde. Heute brauchen wir Sie als unsere Verbündeten.«

Bei der Eucharistiefeier zur Eröffnung der Konferenz versammelten wir uns in der Kathedrale von Canterbury, Mutterkirche der gesamten anglikanischen Welt, Standort des Throns von Augustinus, dem ersten Erzbischof von Canterbury. Während der Chor die Psalmen Davids sang, zogen 700 Bischöfe in rot-weißen Gewändern ein, als Repräsentanten aller Hautfarben, Kulturen und Kontinente. Langsam gingen sie den Mittelgang entlang, die große Treppe hinauf, durch die Chorschranke und in den Chorraum. Diese Prozession war ein Bild für Gottes wahr gewordenen Traum von Kirche – katholisch, weltumspannend, allumfassend, untereinander verbunden.

Während des Gottesdienstes sangen wir das Lied »All are welcome«[50]. Und mein Herz erhob sich, während ich sang. Aber als die hoffnungsvollen Worte in meine Seele einsanken, wurde ich auch traurig. Denn ich dachte daran, dass wir zwar Gottes Ideal von Kirche formulieren, dass aber die Wirklichkeit diesem Traum noch weit hinterherhinkt.

Jesus zeigt uns, wie wichtig die Verbindungen zwischen uns sind, unabhängig von unseren Unterschieden bezüglich Nationalität, Hautfarbe oder Kultur. Jesus inspiriert uns dazu, Menschen zu Jüngern zu machen, die in dieser Welt etwas bewirken. Wir versuchen, seinem Beispiel zu folgen, auf seinen Wegen zu gehen, aber wir sind noch lange nicht am Ziel. Wir sind nicht einmal sicher, wie wir dort hinkommen sollen. Allzu oft scheitern wir an dem, was Gott von uns verlangt, sowohl in unserer Kirche als auch in der Menschheitsfamilie als Ganzem. Und trotzdem denke ich, dass Jesus uns sagt: Alles ist gut. Die ersten Jünger Jesu scheiterten ja auch. Und trotz all ihrer Unzulänglichkeiten kam es zum Pfingstfest. (Apostelgeschichte 2)

Wir sind noch lange nicht am Ziel, aber alles ist gut. Unser Herr hat uns gelehrt zu beten: »Dein Reich komme. Dein Wille geschehe wie im Himmel, so auf Erden.« (Matthäus 6,10) Wir sind noch lange nicht angekommen, aber alles ist gut. Paulus erinnert uns daran: »Als Glaubende gehen wir unseren Weg, nicht als Schauende.« (2. Korintherbrief 5,7) Der Autor des Buches Prediger schreibt: »Nicht den Schnellen gehört im Wettlauf der Sieg.« (Prediger 9,11) Alles ist gut. Jesus selbst sagt uns: »Wenn ihr standhaft bleibt, werdet ihr das Leben gewinnen.« (Lukas 21,19) Und so laufen wir weiter: »Das Ziel vor Augen, jage ich nach dem Siegespreis: der himmlischen Berufung Gottes in Christus Jesus.« (Philipperbrief 3,14)

Diese Vision von Kirche ist es, die uns immer vor Augen stehen muss: eine Kirche, die ihrem Erlöser folgt, einem Erlöser, durch den Gott alle Dinge mit sich versöhnt, im Himmel und auf Erden. Wir werden nicht über Nacht dorthin gelangen. Und es wird auch nicht leicht. Aber es wird geschehen, davon bin ich überzeugt.

Lasst uns ein Haus bauen, in dem die Liebe Raum hat
und alle sicher wohnen.
Einen Ort, wo Heilige und Kinder unsere Herzen
Vergebung lehren.
Getragen von Hoffnungen, Träumen und Visionen,
ein Fels des Glaubens und eine Kathedrale der Gnade.
Hier wird die Liebe Christi alle Trennungen überwinden:
Alle sind willkommen, alle sind willkommen,
alle sind an diesem Ort willkommen.[51]

KAPITEL 13

Die gute Botschaft wird die Welt neu ordnen

Ihr werdet Kraft empfangen, wenn der Heilige Geist auf euch herabkommen wird; und ihr werdet meine Zeugen sein in Jerusalem und in ganz Judäa und Samarien und bis an die Grenzen der Erde.

Apostelgeschichte 1,8

Die Dichterin Emma Lazarus, eine New Yorkerin, deren Vorfahren als jüdische Einwanderer aus Portugal nach Amerika gekommen sind, schrieb im Jahr 1883 jene Zeilen, die heute am Fuß der Freiheitsstatue eingraviert sind. Zu einer Zeit, als die Vereinigten Staaten noch unter den Folgen des Bürgerkriegs litten und in der viele Einwanderer aus Europa hierherkamen.

Hier an unserem meerumspülten Tor soll stehen
eine mächtige Frau mit einer Fackel,
deren Flamme den Gefangenen Licht bringt,
und ihr Name soll sein Mutter der Exilanten.
Aus ihrer Hand erglüht weltweites Willkommen;
Der große Hafen, die Brücke, darum die beiden Städte,
beherrscht von ihren milden Augen.
»Ihr alten Länder, behaltet euren verstaubten Pomp«,
ruft sie mit stummen Lippen.
»Doch gebt mir eure Müden, eure Armen.
Eure Massen, die sich nach Freiheit sehnen.
Den elenden Abschaum eurer Küsten.
Schickt sie mir, die Heimatlosen, die Sturmumtosten.
Ich erhebe meine Fackel am goldenen Tor.«[52]

Emma Lazarus beschreibt hier das, was ich das *Evangelium des Willkommens* nenne. Sie spricht von der Kraft dieses Willkommens zu heilen, zu befreien, zu versöhnen, zu erneuern, aufzubauen und die Tür zu einer neuen Zukunft weit aufzustoßen.

Jesus hat von Beginn seiner Verkündigung an solch ein Willkommen praktiziert. Willkommen sein und Gastfreundschaft waren so innig mit seinem Dienst verbunden, dass wir darin einen Schlüssel seiner Botschaft sehen können. Nachdem er seine engsten Jünger berufen hatte, reisten die zwölf mit ihm durchs Land, redeten, stritten und beteten mit ihm. Und in diesem Kreis wurden die alten Mauern überwunden, die die Menschen zwischen sich errichtet hatten. Jesus versammelte um sich eine Gemeinschaft von sehr verschiedenen Menschen, die ihm aber alle gemeinsam nachfolgten.

Richard A. Burridge stellt in seinem Buch *Imitating Jesus* fest, dass die Jünger Jesu eine ziemlich »bunte Truppe« waren:

Die Liste der Apostel enthält Namen, die an die großen jüdischen Anführer aus der Zeit des Makkabäeraufstands erinnern: Jakobus und Johannes und Matthäus (Markus 3,13–19). Es gibt aber auch Griechen wie Andreas und Philippus. Der Name Simon der Kanaanäer sagt nichts über die Herkunft des Mannes aus, sondern ist eine griechische Übertragung des aramäischen Wortes qan'ana, was so viel heißt wie »der Zelot« (vgl. Lukas 6,15). Dieser Simon war also ein Freiheitskämpfer, womöglich sogar ein Terrorist, je nach Sichtweise. Jedenfalls ein Mann, dem es neben dem Zöllner

Levi, dem Sohn des Alphäus, recht unbehaglich zumute gewesen sein dürfte. (Markus 2,14) […] Wenn wir dann noch bedenken, dass Jesus die Angewohnheit hatte, mit Zöllnern und Sündern zu essen und zu trinken (Markus 2,16), dann muss es uns nicht überraschen, dass er für seinen Umgang kritisiert wurde.[53]

Eine andere Theologin, Renita J. Weems, betont diesen Punkt sogar noch stärker. Sie stellt ebenso fest, dass Jesus Jünger mit unterschiedlichem Hintergrund berief. Und dann sagt sie:

Diese zwei Jünger, Matthäus der Zöllner und Simon der Zelot, repräsentierten die stärksten Gegensätze im politischen Spektrum ihrer Zeit. […] Wie anders würde die Kirche heute aussehen, wenn wir begreifen könnten, dass Jesus die modernen Gegenstücke zum rechtesten Republikaner und zum linkesten Demokraten als seine Jünger berief?[54]

Jesus berief nicht nur eine bunte Truppe zu seinen Jüngern, er heilte auch ganz unterschiedliche Menschen, sprach und betete mit den unterschiedlichsten Typen. Jesus pflegte Gemeinschaft mit Zöllnern, die einen üblen Ruf hatten, und anderen Sündern. Jesus diente denen, die am Rande oder sogar außerhalb der Gesellschaft lebten, die ausgestoßen, unterdrückt oder aufgegeben worden waren, die Blinden, Lahmen und Aussätzigen. Denken Sie daran, wie Jesus mit Außenseitern wie dem Besessenen von Gerasene oder der samaritanischen Frau am Brunnen umging! (Markus 5,1–20; Johannes 4,4–26)

Jesus hat selbst nach seiner Kreuzigung, seinem Tod und seiner Auferstehung noch das Evangelium des Willkommens verkündigt. Er ist zu den Jüngern zurückgekehrt, um ihnen zu sagen, sie sollten gehen – gehen! – und die Menschen aller Völker zu Jüngern machen und sie taufen im Namen des Vaters und des Sohnes und des Heiligen Geistes. (Matthäus 29,19) Das *Evangelium des Willkommens* war der Schlüssel Jesu, die unglaubliche Vielfalt der Menschen unter einen Hut zu bringen und uns zu *einem* Volk mit *einem* Glauben und *einer* Kirche zu machen. Und dieses *Evangelium des Willkommens* zu leben, ist Teil unseres Auftrags als seine Nachfolger, unsere Berufung, unsere Mission.

Ich rede hier nicht davon, größere Kirchen zu bauen. Ich rede davon, eine bessere Welt zu bauen. Beim *Evangelium des Willkommens* geht es darum, die frohe Botschaft zu allen zu bringen, egal wer und wo sie sind. Es geht darum, diese Botschaft wirklich zu verinnerlichen und daran zu arbeiten, dass die Welt, in der wir leben, der liebevollen Gemeinschaft, die Jesus uns vorgelebt hat, etwas ähnlicher wird. Dem Traum Gottes, dem Reich Gottes auf Erden.

Wenn ich darüber rede, ist mir klar, dass der Begriff vom *Evangelium des Willkommens* ziemlich sanft und harmlos klingt, in etwa so wie Mutterliebe und Apfelkuchen. Einfach nur nett. Aber lassen Sie sich nicht täuschen: Ein solches Willkommen ist alles andere als harmlos. Manchmal ist dieser Weg sehr herausfordernd für diejenigen, die ihn gehen wollen.

Der ägyptische Präsident Anwar El Sadat hieß die Bemühungen des israelischen Premierministers Menachem Begin willkommen, Frieden und Gerechtigkeit in den Nahen Osten zu bringen. Deshalb unterzeichnete er 1979 einen gemeinsamen Friedensvertrag. Und was passierte mit Sadat? Er wurde von seinen Gegnern ermordet.

Im Jahr 1993 hieß der israelische Premierminister Yitzhak Rabin die Friedensinitiative des PLO-Vorsitzenden Yassir Arafat willkommen und unterschrieb gemeinsam mit ihm das Osloer Abkommen, eine Vereinbarung, die den Rahmen für die Beilegung des Konflikts zwischen Israel und den Palästinensern absteckte. Und was passierte mit Rabin? Auch er wurde von seinen Gegnern ermordet.

Während des Zweiten Weltkriegs lebte in den Niederlanden eine Frau namens Miep Gies. Sie arbeitete als Sekretärin und wirkte nach außen wie eine ganz normale Bürgerin. Aber als die Nazis anfingen, Juden zu verhaften und in Konzentrationslager zu deportieren, versteckten Gies und ihr Ehemann Jan die jüdische Familie Frank. Otto Frank war ihr Chef gewesen. Während der Zeit im Versteck schrieb seine Tochter Anne ein Tagebuch, das später veröffentlicht wurde und heute weltbekannt ist: *Das Tagebuch der Anne Frank.*

Wir wissen nicht, was passieren wird, wenn wir Jesus und sein *Evangelium des Willkommens* wirklich ernst nehmen. Es kann sein, dass wir ungeheuren Mut brauchen werden. Es kann sein, dass wir in Lebensgefahr geraten. Aber Jesus kann uns gebrauchen, um für das Gute in einer Welt zu arbeiten, in der noch furchtbar viel zu tun ist.

In ihrem Buch *Welcoming Justice* schreiben Charles Marsh und John Perkins:

Gott macht uns als Gläubige zu einer großen Familie. Nicht nur um unseretwillen, sondern damit wir der Gerech-

tigkeit einen Weg bahnen und liebende Gemeinschaften aufbauen können. Das treibt die Nachfolger des Auferstandenen an. Das ist die Bewegung des Heiligen Geistes, die an Pfingsten begann und sich bis heute in Glaubensgemeinschaften über alle Generationen hinweg fortsetzt.[55]

Jesus hat keine Institution gegründet, sondern eine Bewegung ins Leben gerufen. Eine missionarische Bewegung von Menschen, die nicht nur Mitglieder irgendeines Klubs sind, sondern getaufte Jünger einer Gemeinschaft, die in den Fußstapfen Jesu geht. Als sich die ersten Jünger in diesen Fußstapfen auf den Weg machten, öffnete das *Evangelium des Willkommens* Türen in eine Zukunft, die sich die Jünger zu Beginn absolut nicht hatten vorstellen können.

Wenn Sie mir nicht glauben, lesen Sie die Apostelgeschichte. Das Buch beginnt unmittelbar vor der Himmelfahrt Jesu. Dort sagt er zu seinen Jüngern: »Ihr werdet Kraft empfangen, wenn der Heilige Geist auf euch herabkommen wird; und ihr werdet meine Zeugen sein in Jerusalem und in ganz Judäa und Samarien und bis an die Grenzen der Erde.« (Apostelgeschichte 1,8)

Kurz danach kommt der Heilige Geist; Pfingsten bricht an. Die Menschen hören das Evangelium und gründen eine bunte Gemeinschaft, die große ethnische Unterschiede überbrückt. Zu Beginn handelt es sich um Leute, die entweder Juden oder zum Judentum bekehrte Heiden sind. Aber im achten Kapitel der Apostelgeschichte gehen die Jünger nach Judäa und Samaria, zu Menschen also, die von den Juden im Palästina des ersten Jahrhunderts so weit wie möglich gemieden wurden. Im selben Kapitel tritt ein äthiopischer Diplomat auf den Plan. Philip bemerkt ihn, heißt ihn willkommen und tauft ihn vom Fleck weg. Im neunten Kapitel ist ein Pharisäer namens Saulus von Tarsus, ein Mann, der auf die Verfolgung religiöser Minderheiten spezialisiert ist, auf dem Weg zu einer neuen Aktion gegen die Christen. Aber der Heilige Geist sorgt dafür, dass er für kurze Zeit blind wird. Danach schließt er sich der Gruppe an, die er eben noch verfolgt hat – und wird später zum Apostel Paulus. Im zehnten Kapitel wird ein römischer Zenturio namens Cornelius zum Jünger. Plötzlich reagieren alle möglichen Heiden auf diesen Jesus.

Nichts davon hatten die ersten Christen geplant. Tatsächlich standen sie plötzlich einer Frage gegenüber, auf die sie weder die Heilige Schrift noch ihre bisherige Glaubenstradition vorbereitet hatte. War es tatsächlich möglich, dass Gott Heiden willkommen hieß – ohne sie erst mal zu Juden zu machen? Die Auseinandersetzung darüber, ob und wie man diese Leute in eine Bewegung integriert, die ihre Wurzeln im Judentum hatte, drohte die Gemeinschaft zu zerstören. Im fünfzehnten Kapitel der Apostelgeschichte erleben wir mit, wie die Jünger darüber auf dem sogenannten Apostelkonzil in Jerusalem streiten. Nach endlosen Konflikten, Kämpfen und Gebeten, nachdem sie sich immer wieder gefragt haben, was wirklich essenziell für ihren Glauben ist, nachdem sie all die verschiedenen Stimmen und Meinungen gehört haben, die es unter ihnen gab, kommen sie nicht etwa zu einem schalen Kompromiss. Nein, sie entwickeln eine radikale Lösung. Einen neuen Weg. Sie beschließen auf diesem Konzil, den Heiden die Türen zu öffnen.

Im letzten Kapitel der Apostelgeschichte wird sogar erzählt, wie Paulus nach Rom reist, ins Zentrum der heidnischen Welt, um selbst dort Menschen für die Nachfolge zu gewinnen.

Nachdem die ersten jüdischen Nachfolger Christi eine Möglichkeit entwickelt hatten, die Heiden willkommen zu heißen, wuchs die Bewegung immer weiter: in Jerusalem, in Judäa, in Samaria, in Rom – und schließlich in der ganzen Welt. Ihr Streben war es, den Traum Gottes, seine Idee einer liebenden Gemeinschaft wahr zu machen. Ich glaube nicht, dass ich unhistorisch denke, wenn ich sage: Wenn die frühen Jünger keine Möglichkeit gefunden hätten, die Heiden zu integrieren, wäre die Bewegung innerhalb weniger Generationen ausgestorben und als eine von vielen winzigen Sekten in Palästina zerbröckelt. Dann wären wir Christen heute nicht Jünger unseres Herrn.

Das *Evangelium des Willkommens* hat einen Weg in die Zukunft eröffnet, so wie Gott selbst sie sich für uns erträumt hat. Das war im ersten Jahrhundert so, und das ist heute, im 21. Jahrhundert, noch immer so. Justin Lewis-Anthony schreibt:

Gastfreundschaft ist nicht nur eine Option für Christen, ein Ausdruck ihres Glaubens unter vielen anderen. Sie ist das Herzstück des christlichen Selbstverständnisses. Wir haben gesehen, wie Jesus Gastfreundschaft praktizierte, mit den Randständigen und Ausgestoßenen, und wir haben den Auftrag, diese Gastfreundschaft ebenso zu praktizieren. Denn indem wir das tun, zeigen wir ihm selbst, Christus, unsere Gastfreundschaft.[56]

Ich höre schon die Fragen: »Das ist alles schön und gut, Herr Pfarrer, aber wie sollen wir dieses *Evangelium des Willkommens* in unserem Alltag leben?«

Es lohnt sich, einen Blick zurück, zu den frühen Christen der Apostelgeschichte, zu werfen. Viele theologische Kommentare weisen darauf hin, dass unsere heutige Kirche der Kirche des Neuen Testaments nähersteht als der Kirche des Hochmittelalters oder der Kirche des 19. und frühen 20. Jahrhunderts.[57]

Ich halte diese Beobachtung für richtig. Die ersten Jünger folgten der Lehre Jesu und machten seinen Weg des Willkommens zu ihrem eigenen Weg. Und ihr Willkommen öffnete die Tür in eine Zukunft, wie Gott sie sich für uns erträumte. Ich glaube, dieses *Evangelium des Willkommens* ist auch für uns heute der richtige Weg.

Was also kann unsere heutige Kirche von den Jüngern der Apostelgeschichte lernen? Zunächst einmal sehen wir dort, dass sie ihr gemeinsames Leben auf die Lehre, das Leben und den Dienst Jesu ausgerichtet haben, bis sein Weg zu ihrem Weg wurde. Im zweiten Kapitel heißt es dazu: »Sie hielten an der Lehre der Apostel fest und an der Gemeinschaft, am Brechen des Brotes und an den Gebeten.« (Apostelgeschichte 2,42) Das ist der Weg Jesu. Der Weg von dem Jesus, der mit Zöllnern und Sündern an einem Tisch sitzt. Der Weg von dem Jesus, der sagt: »Kommt alle zu mir, die ihr mühselig und beladen seid! Ich will euch erquicken.« (Matthäus 11,28) Der Weg von dem Jesus, der sagt: »Mein Haus wird ein Bethaus heißen für alle Völker.« (Markus 11,17) Der Weg von dem Jesus, der sagt:

»Der Geist des Herrn ruht auf mir; denn er hat mich gesalbt. Er hat mich gesandt, damit ich den Armen eine frohe Botschaft bringe; damit ich den Gefangenen die Entlassung verkünde und den Blinden das Augenlicht; damit ich die Zerschlagenen in Freiheit setze und ein Gnadenjahr des Herrn ausrufe.« (Lukas 4,18 f.)

Die Jünger damals gingen in den Fußstapfen Jesu, als sie sich darum bemühten, die Armut in der christlichen Gemeinschaft abzuschaffen. In der Apostelgeschichte lesen wir: »Alle, die glaubten, waren an demselben Ort und hatten alles gemeinsam. Sie verkauften Hab und Gut und teilten davon allen zu, jedem so viel, wie er nötig hatte.« (Apostelgeschichte 2,44 f.) Und als wohlhabende Grundbesitzer Teil der Gemeinschaft wurden, öffneten diese ihre Häuser und teilten ihre Räume mit den Armen.

Das Gehen in den Fußstapfen Jesu ließ die Jünger kreativ werden, um die Armut in ihrer Gemeinschaft abzuschaffen. Und es erlaubte ihnen, Zeugnis abzulegen vom radikalen Willkommen Gottes, der diese Welt erschaffen hat, damit wir sie mit allen anderen teilen.

Die Jünger taten noch mehr als Zeichen dafür, wie ernst sie das *Evangelium des Willkommens* nahmen: Sie beriefen eine neue Art von Leitern in ihren Gemeinschaften – die Diakone. Diese hatten den Auftrag, Jesu Lehre für die Gläubigen zu interpretieren, die Gemeinschaft zu inspirieren und neu zu organisieren, um Armut und Leiden in der Welt abzuschaffen. (vgl. Apostelgeschichte 6,1–6) Bis heute brauchen wir die Diakone, damit sie uns helfen, den Auftrag Jesu so auszuführen, wie er im 25. Kapitel des Matthäusevangeliums und beim Propheten Micha formuliert wird: die Hungrigen speisen und dafür sorgen, dass es in Zukunft keinen Hunger mehr gibt. Die Nackten kleiden, die Gefangenen besuchen, die Fremden willkommen heißen, Gerechtigkeit tun und Barmherzigkeit lieben und demütig auf den Wegen unseres Gottes gehen. (Matthäus 25,35 f.; Micha 6,8)

Das ist der Grund, warum ich eine dramatische Ausweitung des Diakonats befürworte. Der Dienst des Diakons hilft uns, als Kirche hinauszugehen und Jesus zu folgen. Wir brauchen Diakone als Zeichen des Dienstes Christi in der Welt.

Der Dienst der Jünger war eine Mischung aus Heiligem Geist und menschlicher Anstrengung. Was hatte Jesus ihnen gesagt? »Ihr werdet Kraft empfangen, wenn der Heilige Geist auf euch herabkommen wird; und ihr werdet meine Zeugen sein.« (Apostelgeschichte 1,8) Dies waren seine Worte, kurz bevor er sie verließ und in den Himmel auffuhr. Es ist, als hätte er gesagt: »Das werdet ihr brauchen, um mir zu folgen und den Traum Gottes Wirklichkeit werden zu lassen.« Wir müssen uns daran erinnern, dass die Jünger keine finanziellen Mittel besaßen. Sie hatten keine etablierte Kirche hinter sich, standen meist am Rande der Gesellschaft – Mainstream waren sie jedenfalls nicht. Doch aufgrund ihres Zeugnisses vom Evangelium des radikalen Willkommens, inspiriert und angetrieben vom Heiligen Geist, sind wir hier, Sie und ich, 2000 Jahre später.

Ich bete, dass die Worte von George Bernard Shaw, die Robert F. Kennedy gern zitierte, zu unseren eigenen Worten werden:

»Manche Menschen sehen die Dinge, wie sie sind, und fragen: *Warum?* Andere träumen Dinge, die nie waren, und fragen: *Warum nicht?*«[58]

Warum nicht eine Welt, die das große Willkommen Gottes spiegelt, jenes Gottes, der sie erschaffen hat? Warum nicht eine Welt, in der die Liebe die Menschen näher zu Gott und näher zueinander zieht? Warum nicht eine Welt, in der kein Kind hungrig schlafen geht und in der Armut Geschichte ist? Warum nicht eine Kirche, die wahrhaft eine Gemeinschaft von Jüngern ist und das Willkommen ihres Herrn Jesus spiegelt, der gesagt hat: »Mein Haus wird ein Bethaus heißen für alle Völker«, und: »Ihr werdet Kraft empfangen, wenn der Heilige Geist auf euch herabkommen wird; und ihr werdet meine Zeugen sein«? (Matthäusevangelium 21,13; Apostelgeschichte 1,8) Warum nicht eine Kirche, die sich dem Zeugnis verpflichtet, zu dem Jesus uns beruft? Das Zeugnis des Evangeliums kann die Welt verändern: von dem Albtraum, als der sie sich heute sooft erweist, zu dem Traum, den Gott für sie hat.

KAPITEL 14

Lasst uns nach Galiläa gehen – dem vielleicht letzten Ort, wo wir sein wollen

Der Engel aber sagte zu den Frauen: Fürchtet euch nicht! Ich weiß, ihr sucht Jesus, den Gekreuzigten. Er ist nicht hier; denn er ist auferstanden, wie er gesagt hat. Kommt her und seht euch den Ort an, wo er lag! Dann geht schnell zu seinen Jüngern und sagt ihnen: Er ist von den Toten auferstanden und siehe, er geht euch voraus nach Galiläa, dort werdet ihr ihn sehen.

Matthäus 28,5 ff.

Jesus ist nicht hier, er ist von den Toten auferstanden! Die Kraft Gottes hat die Mächte des Todes besiegt! Die Liebe Gottes hat den Hass der Menschen überwunden! Oder wie es in einem Lied heißt: »Die Kräfte des Todes haben ihr Möglichstes getan, aber Christus hat ihre Armeen zerstreut.«[59] Jesus lebt!

Den ersten Teil der Botschaft, die der Engel verkündet, kennen wir gut. Den zweiten Teil übersehen wir leicht. Darin heißt es, dass Jesus den Jüngern voraus nach Galiläa gehen wird, wo sie ihn sehen werden. So wichtig der erste Teil ist, sollten wir uns auch intensiv mit dem zweiten Teil beschäftigen. Ich glaube nämlich, dass die Aufforderung des Engels, nach Galiläa zu gehen, mehr ist als eine rein geografische Angabe und wir als Kirche daraus etwas lernen können.

Was wissen wir über diesen Ort namens Galiläa?

Die Berge Galiläas waren im ersten Jahrhundert wahrscheinlich ebenso wenig ein Ort des Friedens wie im einundzwanzigsten Jahrhundert. Eine Fernsehdokumentation mit dem Titel »From Jesus to Christ: The First Christians« beschreibt es folgendermaßen: »Galiläa, oft als ländliches Idyll beschrieben, war berühmt-berüchtigt für seine politischen Unruhen, Räuberbanden und Steuerrevolten.«[60]

Ein heißes Pflaster: wirtschaftlich unsicher, politisch instabil und kulturell in Aufruhr. Forscher und Archäologen berichten außerdem, dass Galiläa in biblischer Zeit bunt gemischt war, in ethnischer, wirtschaftlicher und religiöser Hinsicht: palästinensische und hellenistische Juden, Heiden römischer, griechischer und palästinensischer Herkunft, reiche Landbesitzer und arme Hunde.[61] Galiläa war ein Ort sozialer und politischer Unruhen, häufig Ausgangsort für Aufstände gegen Rom. Ein Ort der Angst und der Unsicherheit.

Hierhin hat sich Jesus gleich zu Beginn seines Wirkens begeben. Es ist kein Zufall, dass er seine erste Predigt ausgerechnet in seiner Heimatsynagoge in Nazareth hielt, wo er die Worte Jesajas zitierte: »Der Geist des Herrn ruht auf mir; denn er hat mich gesalbt. Er hat mich gesandt, damit ich den Armen eine frohe Botschaft bringe.« (Lukas 4,18) Es ist auch kein Zufall, dass die Bergpredigt auf einem Berg in Galiläa gehalten wurde (Matthäus 5–7). Es ist kein Zufall, dass Jesus einen Großteil seiner Zeit in den ländlichen Dörfern Untergaliläas verbracht hat, und zwar mit Menschen, die »anders« waren, die am Rand der Gesellschaft standen – manchmal auch am Rand der Hoffnung. Es ist kein Zufall, dass der Engel den Jüngern sagt, sie würden Jesus in Galiläa wiedersehen. (Matthäus 28,5–7) Und es ist kein Zufall, dass Jesus seine Jünger von dort mit Worten losschickt, die ihnen auf ihrem Weg mit Sicherheit in den Ohren gedröhnt haben dürften: »Darum geht und macht alle Völker zu meinen Jüngern.« (Matthäus 28,19) Nach der Auferstehung bleibt Jesus nicht bei Maria Magdalena im Garten, sondern kehrt nach Galiläa zurück, in dieses Land des Zwiespalts, der Instabilität und Unsicherheit. Und zu seinen Jüngern sagt er: »Lasst uns nach Galiläa gehen.«

Ich finde, dass die Unsicherheit, die Unvorhersehbarkeit, die Angst im Galiläa des ersten Jahrhunderts diesen Ort zu einer guten Metapher für unsere heutige Situation machen. Denn ob wir über globale Ökonomie, politische Instabilität oder unsere eigene persönliche Unsicherheit reden – wir sind in Galiläa. Ob wir über die Bedrohung durch den Terrorismus oder das Weltklima mitsamt den schrecklichen Naturkatastrophen sprechen – wir sind in Galiläa. Instabilität, Unsicherheit, wachsende Polarisierungen ideologischer und kultureller Art – all das beschreibt unsere Zeit. Wir sind in Galiläa.

Aufmerksame Kommentatoren bestätigen, dass wir uns inmitten massiver globaler kultureller Veränderungen befinden, die jeden Bereich betreffen, von der Ökonomie über die Politik bis hin zu unserem Glauben. Ein Beispiel dafür sind die rapiden technologischen Veränderungen. Im 15. Jahrhundert wurde Johannes Gutenbergs Druckerpresse mit beweglichen Lettern zum Katalysator der protestantischen Reformation, der Entstehung europäischer Nationalstaaten jenseits päpstlicher Kontrolle, der Aufklärung sowie der industriellen Revolution. Heutzutage haben wir es mit neuen Gutenbergs zu tun. Sie heißen Steve Jobs, Bill Gates und Mark Zuckerberg. Viele von uns, mich eingeschlossen, haben gedacht, sie hätten erfolgreich Anschluss an diese neue Welt gefunden, als sie lernten, wie man E-Mails schreibt. Aber dann mussten wir auch noch lernen, SMS zu schreiben, zu tweeten und manches mehr. Heute muss man außerdem auf Facebook unterwegs sein und möglichst viele »Likes« einsammeln. Ich weiß nicht, was als Nächstes kommt, aber ich bin sicher, wir werden es bald erfahren.

Vor Kurzem hat ein Professor für Management zu mir gesagt, das Tempo des technologischen, globalen und gesellschaftlichen Wandels sei so hoch, dass die meisten Dinge, die heute noch neu sind, in maximal drei Jahren überholt sein werden. Wir erleben eine Zeit von großer zivilisatorischer Veränderung, von Instabilität und Unsicherheit, die nicht weniger erschütternd sind als die im Jahrhundert Gutenbergs. Mit einem Satz: Wir sind in Galiläa.

Wissenschaftler haben einen dramatischen Niedergang religiöser Bindungen innerhalb der Millenial-Generation festgestellt, also der Menschen, die nach 1981 geboren sind.[62] So etwas wie ein weltweites Christentum gibt es nicht mehr.

Wenn man Menschen befragt, ob sie wissen, welche religiöse Orientierung am schnellsten wächst, nennen die meisten den Islam oder den Buddhismus. Doch keine von beiden, auch nicht der Hinduismus, nicht das Judentum und auch keine christliche Freikirche ist es, die am schnellsten wächst. Tatsächlich ist von 1990 bis 2009 der Anteil derjenigen, die sich als Christen bezeichnen, sogar von 86 auf 76 Prozent gesunken. Die am schnellsten wachsende religiöse

Orientierung ist »keine«. Der Prozentsatz derjenigen, die sich keiner Religion zugehörig fühlen, hat sich seit 1990 auf mehr als 15 Prozent der Bevölkerung verdoppelt.[63]

Vor einer Weile fuhr ich an einem Sonntagmorgen mit einer Pastorin zum Gottesdienst. Als wir an einer der neuen Megakirchen vorbeikamen, begannen wir über kirchliches Wachstum zu sprechen. Im Laufe des Gesprächs sagte sie zu mir: »Wollen Sie wissen, was die tatsächliche Konkurrenz für unsere Kirchen ist? Dann schauen Sie mal aus dem Fenster.« Gerade fuhren wir an einem großen Platz vorbei, auf dem Hunderte von Kindern herumliefen. Sie waren nicht etwa auf dem Weg zur Kirche, sie spielten Fußball.

Die kulturelle Landschaft verändert sich. Ethnische Vielfalt und religiöser Pluralismus waren bereits typische Merkmale im Galiläa des ersten Jahrhunderts, und sie sind es ebenso im einundzwanzigsten Jahrhundert. Meine Großeltern hätten sich in der heutigen ethnischen und religiösen Landschaft niemals zurechtgefunden. Für uns sind Vielfalt und Pluralismus ganz normal.

Es handelt sich auch nicht um eine vorübergehende Erscheinung, sondern um eine Verschiebung auf breiter Front. Und die Frage, die sich uns stellt, lautet: Was können wir als Kirche tun – um Jesu willen –, um diesen Moment zu nutzen? Im Bericht eines Forschungsinstituts fand ich eine faszinierende Bemerkung. Die Forscher sagten, die Millennial-Generation habe zwar so wenig religiöse Bindung wie noch keine Generation vor ihr in der Geschichte, aber ihr Interesse an Spiritualität sei enorm. Tatsächlich ist das spirituelle Interesse dieser technologisch und wissenschaftlich so qualifizierten Generation fast so groß wie das der Generation, die die Weltwirtschaftskrise der Dreißigerjahre und den Zweiten Weltkrieg miterlebte.[64]

Aber wie erreichen wir die Menschen dieser so anders gewordenen Welt, in der wir so viel Instabilität und Unsicherheit, wachsende Polarisierung und sinkende religiöse Bindung vorfinden – zusammen mit einem wachsenden Interesse an spirituellen Erfahrungen?

Ich bin nicht der Ansicht, dass wir massive Mitgliederwerbung betreiben sollten, um unsere Kirchenbänke wieder zu füllen. Aber ich glaube auch nicht, dass Gott uns nur deshalb auf diese Erde geschickt hat, damit wir essen, trinken und fröhlich sind. Wir sollen mehr tun als nur Sauerstoff zu verbrauchen. Wir sind hier, wie es die jüdische Tradition des *tikkun olam* lehrt, um die Schöpfung zu heilen und wieder ganz zu machen. Wir sind hier, um den Gott zu lieben, der uns erschaffen hat. Wir sind hier, um einander als Kinder des einen Gottes zu lieben und uns umeinander zu kümmern. Wir sind hier, um das, was sich oft als Albtraum aus Sünde und Tod, Hass und Gewalt, Abneigung und Heuchelei darstellt, in etwas zu verwandeln, das dem Traum Gottes von dieser Welt ähnlicher ist. Dem Traum Gottes von einer erneuerten, verwandelten Schöpfung. Ich glaube, darauf beruht unsere ganze Hoffnung als Menschheitsfamilie.

Darauf bin ich übrigens nicht selbst gekommen. Es handelt sich hierbei nämlich um die Botschaft Jesu. Um das

Evangelium. Und ich glaube, die Welt – die des ersten wie auch die des 21. Jahrhunderts – braucht dieses Wissen. Aber leider hat es diese Botschaft immer schwerer, gehört zu werden. Und deshalb spielt es eine so große Rolle, wie Jesus in Galiläa unterwegs war.

Ich möchte eine Möglichkeit aufzeigen, wie wir Jesu Spuren heute folgen können – allen Ängsten und Unsicherheiten zum Trotz, und die Möglichkeiten, die sich uns dabei bieten, fest im Blick.

Im 26. Kapitel des Matthäusevangeliums steht ein Text, der uns dabei helfen kann. Er setzt nach der Verhaftung Jesu ein. Der Verräter hat sein teuflisches Werk vollendet. Tempelpolizei und römische Soldaten haben ihre Arbeit getan. Jesus, der Galiläer, wie er damals oft genannt wird, ist verhaftet und soll demnächst wegen Gotteslästerung und Aufruhrs gegen das Römische Reich verurteilt werden. Seine engsten Gefolgsleute sind in Todesangst geflohen. Simon Petrus ist ebenfalls untergetaucht und versucht sich zu verstecken. Schauen wir uns an, was dann folgt.

Petrus aber saß draußen im Hof. Da trat eine Magd zu ihm und sagte: Auch du warst mit diesem Jesus aus Galiläa zusammen. Doch er leugnete es vor allen und sagte: Ich weiß nicht, wovon du redest. Und als er zum Tor hinausgehen wollte, sah ihn eine andere Magd und sagte zu denen, die dort standen: Der war mit Jesus dem Nazarener zusammen. Wieder leugnete er und schwor: Ich kenne den Menschen nicht. Wenig später kamen die Leute,

die dort standen, und sagten zu Petrus: Wirklich, auch du gehörst zu ihnen, dein Dialekt verrät dich.
Matthäus 26,69–73

»Dein Dialekt verrät dich.« Gesichtserkennung per Computer gab es damals noch nicht, auch kein Facebook oder LinkedIn. Man konnte nicht mal eine Bildsuche auf Google starten. Trotzdem war es möglich herauszufinden, wer jemand ist. Zumindest wenn in Jerusalem, im Süden von Palästina, jemand mit einem galiläischen Akzent sprach. Ein solcher fiel in Jerusalem sofort auf. Petrus' Akzent verriet ihn – und outete ihn als Gefolgsmann Jesu. Ich frage mich, ob Matthäus diese Geschichte nicht genau deshalb erzählt: um uns zu sagen, dass Menschen, die Zeit mit Jesus dem Galiläer verbringen, an ihrer Sprache und ihrem Leben als Jünger zu erkennen sind.

Vor Jahren hörte ich eine Predigt von David Read über diesen Text. Er ist für mich einer der großen Prediger des 20. Jahrhunderts. Ich weiß noch, wie sein Vortrag endete. Er erinnerte sich an seine Kindheit in Schottland und rezitierte dann ein Gedicht, das er in der Sonntagsschule gelernt hatte:

O that it might be said of me,
surely thy speech betrayeth thee,
Thou wast with Jesus of Galilee.

Oh, dass man das doch von mir sagen könnte:
Deine Sprache verrät dich,
du gehörst doch auch zu diesem Jesus aus Galiläa.[65]

Wenn wir den Akzent Jesu übernehmen, wenn wir uns seine Stimme, seinen Geist, seine Gegenwart und seine lebensspendende Realität neu zu eigen machen, dann kann seine Botschaft von Neuem durch uns sprechen – mitten ins Herz der Menschen von Galiläa. Denken Sie daran, die Magd sagte anklagend zu Petrus: »Auch du warst mit diesem Jesus aus Galiläa zusammen.« Wenn wir Zeit mit Jesus verbringen, wird unser Akzent uns verraten. Die Stimme von Jesus wird durch uns sprechen, mit demselben galiläischen Akzent wie damals, heute, im einundzwanzigsten Jahrhundert.

Wir haben viele Möglichkeiten, den Akzent Jesu zu erlernen und in uns lebendig werden zu lassen: durch Gebet, durch Lesen der Heiligen Schrift, sowohl in der Einsamkeit unseres Geistes als auch in der Gemeinschaft mit anderen Christen. Ich möchte uns dazu ermutigen, unser Gebet, unser Lesen und unsere Kämpfe mit der Heiligen Schrift zur Kirchentür hinauszutragen und uns in das Missionsgebiet zu begeben, das Gott uns vorgibt: das Galiläa des 21. Jahrhunderts.

Das mag für viele von uns ein bisschen erschreckend klingen. Aber zu Ihrer Ermutigung erinnere ich an die Worte von Dietrich Bonhoeffer, dem Theologen und Pfarrer, den die Nazis wegen seiner Opposition gegen das Dritte Reich inhaftierten und hinrichteten. Noch aus der Gefängniszelle heraus nannte Bonhoeffer Jesus den »einen für andere«[66]. Jesus ruft und fordert uns heraus: Wir sollen ein Volk, eine Gemeinschaft sein, die über ihre Eigeninteressen hinausschaut. Jesus hat gesagt: Der Menschensohn ist nicht gekommen, »um sich dienen zu lassen, sondern um zu dienen und sein Leben hinzugeben als Lösegeld für viele«. (Matthäus 20,28) Er ruft uns dazu auf, in seinen Fußstapfen zu gehen, indem wir eine Kirche für andere sind.

Übrigens habe ich eine interessante Tatsache über das Wort »Galiläa« gefunden: Im Lexikon steht, es handele sich um einen »Eingangsporticus oder ein Vestibül, oft im Erdgeschoss eines Turms; auch im Eingangsbereich englischer Kirchen«[67]. Das Wort bezeichnet also auch die Schwelle zwischen dem Kirchenbau und der Welt, die Stelle, von der man aus der Kirche hinaustritt. Will sagen: Eine Kirche in und für Galiläa ist eine missionarische Kirche, die nach außen gerichtet ist und die nicht nur um sich selbst kreist.

Wenn wir Jesus nach Galiläa folgen, müssen wir in einem größeren Maßstab denken. Wir dürfen nicht darauf warten, dass die Welt zu uns kommt, sondern wir müssen Jesus hinaus in die Welt tragen. Was bedeutet es konkret für die Gestalt der Kirche, wenn wir uns hinaus in die Welt begeben? Wird es auch in den nächsten Jahren nur jene Gemeinden, diakonischen Einrichtungen und Institutionen geben, die es heute schon gibt? Oder wird die Kirche der Zukunft viele verschiedene Ausdrucksformen umfassen, darunter auch Haus- oder Straßenkirchen? Was würde passieren, wenn wir uns auf neue Möglichkeiten einließen, Gottesdienst zu feiern und anderen zu dienen? Wie würde die Präsenz der Kirche auf den Straßen, an öffentlichen Plätzen und an anderen unkonventionellen Orten aussehen? Wie könnten wir als Kirche solche Experimente fördern?

In Boston gibt es eine Gemeinde mit dem Namen *The Crossing*. Vielleicht hilft sie uns, diese Fragen zu beantworten. *The Crossing* spricht vor allem junge Erwachsene an, und zwar auf eine besondere und ungewöhnliche Weise. Diese Leute kaufen kein Grundstück, um darauf ein Gemeindehaus zu bauen. Sie nutzen die Dinge, die bereits da sind, um das Evangelium zu verkünden. Statt darauf zu warten, dass die jungen Erwachsenen zu ihnen kommen, gehen sie dorthin, wo die jungen Erwachsenen sind. *The Crossing* führt die Menschen zurück zu den tief reichenden christlichen Wurzeln von Gebet, Meditation, Sakrament und der Kraft des Evangeliums. Diese Gruppe greift die uralten spirituellen Formen der Kirche wieder auf. Sie spricht vom Evangelium und vom auferstandenen Christus auf alte Weise ganz neu.

Ich höre von Gemeinden, die nicht mehr darauf warten, bis junge Menschen wieder den Weg in die Kirche finden – nachdem sie geheiratet und Kinder bekommen haben. Die Gemeinden, die Kirche geht dorthin, wo die jungen Leute sind.

Es geht nicht darum, die Bankreihen in den Kirchen zu füllen. Und auch nicht darum, das Überleben von Institutionen zu sichern, frei nach dem Motto: Größer ist besser. Ich bin vielmehr überzeugt, dass es darum gehen muss, als Kirche das Evangelium Jesu Christi zu leben, zu bezeugen und zu teilen, um Menschen zu Jüngern zu machen. Zu Jüngern, die sich uns anschließen, um in dieser Welt wirklich etwas zu bewirken, um den Traum Gottes wahr zu machen. Das ist ein Ziel, das dem Geist Jesu entspricht und in unsere Zeit passt. Ein Ziel, das jede Anstrengung wert ist.

Wir leben in einer neuen Welt. Für einen wachsenden Teil der Menschen ist das Evangelium Jesu nicht mehr nur eine gute Nachricht, sondern vor allem eine neue Nachricht. Das schenkt uns die Gelegenheit, tief und ernsthaft zu überdenken, was es heißt, Kirche zu sein. Was es im Kontext des 21. Jahrhunderts heißt, zu glauben und aus diesem Glauben heraus etwas zu bewirken.

Viele, womöglich die meisten Gemeinden empfinden die heutige Situation als Belastung. Die Herausforderung, die vor uns liegt, ist größer als die Möglichkeiten jedes Einzelnen, auch größer als die Möglichkeiten jeder Gemeinde. Das kann einen schon mal einschüchtern und überfordern.

Vor einiger Zeit haben meine Frau und ich uns den Film *The King's Speech* angesehen. Er erzählt von George, Herzog von York, der – eigentlich nur Zweiter in der Thronfolge Englands – König wurde, als sein älterer Bruder Edward unerwartet zurücktrat.

Ich kannte die Geschichte, aber ich hatte vergessen, wie düster die Wolken waren, die zu dieser Zeit über Europa hingen. Die Armeen des Dritten Reichs eroberten zuerst langsam, dann immer schneller ein Land nach dem anderen, bis Europa im Dunkeln lag und die Zivilisation als solche auf dem Spiel stand. Mit dem Sudetenland fing es an, dann folgten Österreich, die Tschechoslowakei, Polen, die Niederlande und Belgien und schließlich Frankreich. Am Ende stand nur noch England als Bollwerk zwischen dem Nationalsozialismus und der Welt. In dieser schweren Stunde wurde ein Mann, der nie damit gerechnet hatte, König von England zu werden, auf den Thron gerufen. Er war darauf nicht vorbereitet. Und er stotterte. Er stotterte wie Mose.

An einer Stelle des Films, an der der baldige König anfängt, Hilfe bei einem Sprachtherapeuten zu suchen, greift er in dessen Praxis zur Zigarette. Da bricht der australische Therapeut alle Regeln der Etikette und sagt: »Hier wird nicht geraucht. Machen Sie das Ding aus.« George antwortet: »Meine Ärzte sagen, Rauchen ist gut für meine Lungen.« Der Therapeut erwidert: »Ihre Ärzte sind Idioten.« George schnauzt zurück: »Sie sind alle in den Adelsstand erhoben worden.« Worauf der Therapeut nur sagt: »Na, dann ist es ja offiziell.«

Der Film handelt vor allem von der Beziehung zwischen den beiden Männern. Fasziniert beobachtete ich, wie diese beiden fehlbaren Menschen zusammenarbeiteten: der eine mit der Gabe, ein Therapeut der Sprache und der Seele zu sein, der andere mit der Not, einen unglaublichen Mut aufbringen zu müssen, um seine Stimme zu finden. Die Stimme eines Königs.

Bevor ich diesen Film sah, kannte ich nur die groben Umrisse der historischen Ereignisse. Dass mich diese Geschichte so bewegen würde, hatte ich nicht erwartet. Ich war bewegt, weil König George ein Mann war, der glaubte, er hätte nicht das Zeug dazu, sein Land durch die schwierigste Zeit seiner Geschichte zu führen. Und doch geschah – dank seiner eigenen harten Arbeit und dank seiner Beziehung zu dem Sprachtherapeuten – ein Wunder. Nicht dass George sich plötzlich in seinen Bruder Edward verwandelte, der von Kindheit an darauf vorbereitet worden war, König zu werden. Das Wunder bestand vielmehr darin, dass der echte George, der bislang tief in ihm verborgen gewesen war, zum Vorschein kommen durfte. Und als er das tat, war es genau die Stimme, die in dieser Zeit gebraucht wurde. England hatte es nicht gewusst, George hatte es nicht gewusst, aber er trug in sich die Stimme, die er, sein Land und die Welt in dieser Stunde brauchten. Sie wurde zum Zeichen der Hoffnung für die Briten, als sie ganz allein dastanden. Zum Zeichen der Hoffnung für die Zivilisation und den menschlichen Anstand in einer Zeit, in der nur wenige bereit und fähig waren, sich zu erheben.

Ich frage mich, ob wir als Kirche heute nicht mehr oder weniger in der gleichen Situation stecken wie König George damals. Unser Missionsgebiet wird immer komplexer und schwieriger. Die Situation von Gemeinden kann sehr entmutigend sein. Die meisten unserer Kirchen sind ziemlich klein. Unsere finanziellen Mittel sind begrenzt. Außerdem neigen wir nicht gerade dazu, anderen ganz selbstverständlich von unserem Glauben zu erzählen, wie es in dieser Zeit mit ihren vielen Möglichkeiten vielleicht gut wäre. Durchaus möglich, dass wir uns den Herausforderungen unseres Galiläas im 21. Jahrhundert nicht gewachsen fühlen und nur zu gern zu den »guten alten Zeiten« zurückkehren würden. Wann auch immer diese gewesen sein mögen, wenigstens waren sie nicht so komplex, widersprüchlich und unsicher wie unsere.

Und doch: Diese Kirche trägt etwas Reiches, Starkes, Gutes und Heiliges in sich. Wir besitzen genau das, was diese Zeit dringend braucht. Vielleicht benötigen wir nur noch die Hilfe des Heiligen Geistes, um es in Anspruch zu nehmen und mit unseren Lippen und unserem Leben zu bekennen.

Ich weiß noch, dass manche Leute in der Kirche meiner Großmutter zu sagen pflegten: »Ich weiß nicht, *was* die Zukunft bringt, aber ich weiß, *wer* die Zukunft bringt.« Unsere Aufgabe heute besteht darin, in den Fußstapfen Jesu zu gehen, der sich am Kreuz ganz Gott hingab, indem er sagte: »Vater, in deine Hände lege ich meinen Geist.« (Lukas 23,46) So wie er sich ganz in die Hände des Vaters begeben hat, so legen wir unsere Kirche in die seinen. Wir legen unsere Kirche in die Hände Jesu.

Es gibt ein altes Lied, das diesen Gedanken schön in Worte fasst. Der Text lautet:

Put your hands in the hand of the man
who stilled the water,
put your hands in the hand of the man
who calmed the sea.
Take a look at yourself and you can look
at others differently,
put your hands in the hand of the man from Galilee.[68]

Leg deine Hände in die Hand des Mannes,
der den Sturm stillte.
Leg deine Hände in die Hand des Mannes, der den See zur Ruhe brachte. Schau auf dich selbst, und du wirst auch deine Nächsten anders sehen. Und dann leg deine Hände in die Hand des Mannes aus Galiläa.

Wir haben längst alles, was wir brauchen: einen Gott, den wir anbeten können, einen liebenden, befreienden Herrn, dem wir folgen können, ein Evangelium, das wirklich eine gute Nachricht ist. Einen Glauben, der treu und stark macht, liebevoll und mitfühlend, offen, großzügig und lebendig. Einen Auftrag, der mit einem radikalen Willkommen für wirklich alle einhergeht, der uns dem Dienst an den Zerschlagenen und Unterdrückten verpflichtet und der uns furchtlos bekennen lässt: »Gott liebt euch alle, ohne Ausnahme!«

Eine Kirche, die solch eine außergewöhnliche Wahrheit verkündigt, hat eine Botschaft für die heutige Welt. Eine Wahrheit, die das 21. Jahrhundert dringend hören muss. Und sie verkündet diese Wahrheit mit einer Stimme, die geprägt ist vom Akzent des Galiläers.

Für uns als Kirche steht nicht mehr und nicht weniger auf dem Spiel als die Zukunft unseres christlichen Zeugnisses. Wir müssen es wagen, Leib Christi in dieser Welt zu sein und unsere Zukunft in die Hand des Galiläers zu legen. Kommen Sie mit mir. Legen Sie Ihre Hand in die Hand des Herrn. Lassen Sie uns mit Jesus nach Galiläa gehen!

Nachwort

Auf Michael B. Curry bin ich aufmerksam geworden, als morgens im Deutschlandfunk berichtet wurde, er habe in einer US-Talkshow über seinen eigenen Auftritt bei der königlichen Hochzeit gelacht. Seine Stimme wurde im Original eingeblendet, und ich musste mitlachen. Ein Bischof, der in einer Talkshow auftritt und auch noch laut lachen kann – das hat mich sofort für ihn eingenommen. Wahrscheinlich auch, weil ich selbst oft kritisiert wurde, wenn ich in den knapp elf Jahren meiner Amtszeit als Landesbischöfin in Hannover in einer Talkshow auftrat.

Anschließend habe ich mir seine Predigt bei der Hochzeit des britischen Prinzen Harry mit der amerikanischen Schauspielerin Meghan Markle angeschaut. O ja, der Mann kann predigen! Denn eine Predigt bedeutet ja, dass der biblische Text für die Anwesenden in ihrem Kontext Bedeutung erhält. In meiner Studienzeit habe ich gelernt, eine Predigt solle bewegen (movere), durchaus auch lehren (docere) und erfreuen (delectare). Das hat mir immer eingeleuchtet. Und genau das ist Michael B. Curry mit der Predigt bei der königlichen Hochzeit gelungen. Die Menschen waren bewegt, er hat die Botschaft von der Liebe Jesu, aber mit seinem Bezug auf Martin Luther King auch eine Botschaft von der Überwindung des Rassismus übermittelt, und schließlich hat er die Menschen erfreut. Gewiss, einige britische Gemeindemitglieder waren offensichtlich etwas irritiert über die Leidenschaft des schwarzen Predigers aus den USA. Aber viele hatten auch Heiterkeit im Gesicht, und bei den weltweit zwei Milliarden Zuschauerinnen und Zuschauern war Begeisterung die Folge.

Deshalb freue ich mich sehr, dass der bene! Verlag uns Bischof Michael B. Curry mit seiner Theologie, seiner Leidenschaft näherbringt. Wer seine Predigten in der Übersetzung von Ulrike Strerath-Bolz liest, kann etwas spüren von seiner Begeisterung, seinem Glauben, der wirklich brennt und nicht nur leise glimmt. Da geht es nicht um abstrakte Abhandlungen oder soziologische Analysen, sondern um lebendigen Glauben an Jesus Christus mitten in der Welt unserer Zeit. Und der zeigt seine Relevanz!

Gleich bei der ersten Predigt hat mir sehr zugesagt, wie Michael B. Curry zeigt, dass Menschen, die heute wie Jesus leben und reden, schnell für verrückt gehalten werden. Das erlebe ich immer wieder! Wir haben ein so glatt gebügeltes Christentum in Deutschland, eine oft so angepasste Kirche, dass die Radikalität der biblischen Botschaft völlig vergessen wird. Dass Jesus gesagt hat: »Liebe deinen Nächsten wie dich selbst« ist heute eine immens politische Botschaft. Dann liebe ich auch die Feinde, auch die Terroristen. Wer das sagt, wird für verrückt erklärt. Aber Curry hat recht: Wir brauchen verrückte Christen. Weil unsere Welt sonst erlahmt, keine Innovation mehr kennt, gar nicht mehr über die sich stetig vertiefenden Gräben hinweg denken kann. Und mir sagt zu, dass Curry Frauen hervorhebt, Maria Magdalena ebenso wie Harriet Beecher Stowe – das ist nicht Standard bei Predigten.

Der Stil dieses Mannes ist ungewöhnlich, das zieht sich durch die Texte. Es ist ein Erzählstil, der die Zuhörenden wie die Lesenden mit hineinnimmt ins biblische Geschehen, der sie mitdenken lässt. Jona und Sara und die Pfingstgeschichte, alle werden lebendig mit einbezogen in das Predigen. Und dazu werden ganz realistische Fragen gestellt: Ja, mit welchem Verkehrsmittel soll es an die »Enden der Erde« gehen? Und: Die oft sehr kurzen Sätze erinnern mich an die Bewegung für »leichte Sprache«, die es bei uns gibt. Da gibt es keine langen Verschachtelungen, sondern ich kann gut mitgehen. Und all das ist gespickt mit persönlicher Erfahrung: die Mutter, die ins Koma fiel etwa, die Großmutter, die eine große Rolle spielte, das eigene Ringen mit dem Thema Homosexualität. So werden Predigten authentisch. Berührend auch die Passage, als er schildert, wie sein Vater beobachtet, dass seine zukünftige Frau in der Episkopalkirche aus dem *einen* Kelch trinkt. Für ihn als Baptisten ist das ungewöhnlich. Und dann sieht er, dass die weißen Mitglieder der Gemeinde aus demselben Kelch trinken, einfach so. Das überzeugt Michael B. Currys Vater zutiefst, und er tritt der Episkopalkirche bei. Solche Bilder und Erzählungen predigen das Evangelium eindrücklich, finde ich.

Die Texte werden auch authentisch durch die aktuellen politischen Bezüge. Für mich ist dieses Buch eine Ermutigung für Predigerinnen und Prediger. Authentisch sein, die biblischen Geschichten lebendig werden lassen, die Menschen mit hineinnehmen in unsere Begeisterung für den Glauben, genau das gelingt Michael B. Curry.

Predigten sind oft eine eher mühsame Lektüre, wenn sie als Buch erscheinen. Sie leben ja von der Präsenz des Predigers oder der Predigerin, von dem besonderen Ort der Kirche und von dem Erlebnis der Gemeinschaft. Aber die Predigten von Bischof Curry lesen sich frisch, lebendig, sie sind eine Einladung zum Mitdenken. Gewiss, manches Mal ist der afroamerikanische Stil zu spüren, der uns in Deutschland selbst bei einem Anglikaner, der gewiss zurückhaltender predigt als etwa ein Baptist, irritiert. Wir sind so viel Emotionalität nicht gewohnt. Aber die Botschaft des christlichen Glaubens ist relevant für unsere Zeit, und sie sprüht geradezu aus den Texten. Hier geht es nicht um etwas altertümlich Überholtes, sondern um hochaktuelle Themen, die uns berühren, uns Halt und Orientierung geben in unruhigen Zeiten.

Das Evangelium kann die Welt auf den Kopf stellen, davon ist Michael B. Curry überzeugt. Und das bin ich auch. Die Bezüge zu Martin Luther King, die Erkenntnis, dass wir Träumerinnen und Träumer sind, auch wenn wir für verrückt erklärt werden, das entspricht meiner eigenen Theologie. Predigten sollen nicht beruhigen, sondern ermutigen, die Tiefen und Höhen des Lebens Gott anzuvertrauen, aber auch die Welt zu verändern. Da spricht mir Michael B. Curry aus dem Herzen.

So wünsche ich den Predigten von Bischof Michael B. Curry viele interessierte Leserinnen und Leser in Deutschland. Möge der Funke überspringen!

Margot Käßmann

Danksagung

Die vielen Menschen, die mein Leben bereichert und die mir dabei geholfen haben, dieses Buch zusammenzustellen, sind mit großer Sicherheit ein Zeichen der Gnade Gottes. Ich verdiene sie nicht, ich habe sie mir nicht erarbeitet, sie waren ein Geschenk des Herrn. Für sie und viele andere danke ich Gott von ganzem Herzen.

Für meine Eltern, Rev. Kenneth S.L. Curry und Dorothy Strayhorn Curry, und für meine Großeltern Hezekiah und Nelly Strayhorn sowie Rev. Theotis und Carrie Curry, die alle bereits die Herrlichkeit Gottes schauen. Sie haben mir ihren festen Glauben mitgegeben, der in den harten Zeiten der Sklaverei und Rassentrennung erprobt wurde und gewachsen ist.

Für meine Familie, meine Frau und beste Freundin Sharon und unsere wunderbaren Töchter Rachel und Elizabeth. Für meine Schwester Sharon Curry Elliot. Für Josephine Robbins, unsere langjährige und liebe Freundin. Und für meine Patin Schwester Althea Augustine, CT.

Für Rev. Liz Dowling-Sendor, die als geistliche Begleiterin geduldig meine Schriften als Bischof herausgibt und mich zur Klarheit anleitet, zu theologischer Kohärenz und spiritueller Authentizität. Und für Nancy Bryan von Church Publishing Inc., die schon lange, bevor ich etwas merkte, daran glaubte, dass etwas an der Botschaft von *Lasst uns die Welt auf den Kopf stellen* ist, das auch einem breiteren Publikum etwas sagen könnte. Also all jenen, die danach streben, Jesus auch im 21. Jahrhundert nachzufolgen.

Für die unglaublichen Mitarbeiterinnen und Mitarbeiter der Diözese North Carolina der Episkopalkiche, darunter vor allem jene, die über die Jahre hin mitgelesen, kritisiert und als Gesprächspartner zur Verfügung gestanden haben: Margo Acomb, Sarah Herr, Rev. J. Gary Gloster, Canon Marlene Weigert, Rev. Canon Michael Burkel Hunn, Rev. Alfred C. Marble Jr., Summerlee Walter, Rev. Anne Hodges-Copple und Rev. Canon Marie Fleischer.

Für die Geistlichen und alle weiteren Menschen der Diözese North Carolina, mit denen ich die Ehre habe, Jesus und der Welt zu dienen. Für die Menschen der St. Philip's Episcopal Church in Buffalo, New York, die mich als Mensch geprägt haben – und als Jünger, der Jesus nachfolgt. Für die Geistlichen und alle weiteren Menschen der St. Luke's Episcopal Church und von St. Paul's (heute Episcopal Church of St. Paul and St. James) in New Haven, Connecticut, und in der Church of the Epiphany, Rocky Mount, North Carolina, wo ich als Seminarist in den Siebzigerjahren Dienst tat. Für alle Kirchen, in denen ich als Priester dienen durfte: St. Stephen's Episcopal Church, Winston-Salem, North Carolina; St. Simon of Cyrene Episcopal

Church, Lincoln Heights, Ohio, und St. James Episcopal Church, Baltimore, Maryland.

Diese und viele andere waren Werkzeuge und Zeugen der göttlichen Gnade in meinem Leben. Möge dieses Buch Euch allen ein Geschenk sein.

Bewahrt Euch den Glauben!
Michael B. Curry

Anhang

Verzeichnis der Predigten

Kapitel 1	7. Juli 2012 bei der 77. Generalversammlung der Episkopalkirche
Kapitel 2	5. Juli 2018 bei der 202. Jahresversammlung der Diözese North Carolina der Episkopalkirche
Kapitel 3/4	2. Februar 2001 bei der 185. Jahresversammlung der Diözese North Carolina der Episkopalkirche
Kapitel 5	31. Januar 2002 bei der 186. Jahresversammlung der Diözese North Carolina der Episkopalkirche
Kapitel 6	25. Januar 2003 bei der 187. Jahresversammlung der Diözese North Carolina der Episkopalkirche
Kapitel 7	30. Januar 2004 bei der 188. Jahresversammlung der Diözese North Carolina der Episkopalkirche
Kapitel 8	21. Januar 2005 bei der 189. Jahresversammlung der Diözese North Carolina der Episkopalkirche
Kapitel 9	26. Januar 2006 bei der 190. Jahresversammlung der Diözese North Carolina der Episkopalkirche
Kapitel 10	26. Januar 2007 bei der 191. Jahresversammlung der Diözese North Carolina der Episkopalkirche
Kapitel 11	18. Januar 2008 bei der 192. Jahresversammlung der Diözese North Carolina der Episkopalkirche

Kapitel 12 23. Januar 2009
bei der 193. Jahresversammlung der Diözese
North Carolina der Episkopalkirche

Kapitel 13 22. Januar 2010
bei der 194. Jahresversammlung der Diözese
North Carolina der Episkopalkirche

Kapitel 14 21. Januar 2011
bei der 195. Jahresversammlung der Diözese
North Carolina der Episkopalkirche und
20. Januar 2012 bei der 196. Jahresversammlung der Diözese North Carolina der Episkopalkirche

Quellenangabe

Die Bibelstellen im Text sind – von wenigen Ausnahmen abgesehen, die direkt aus dem Amerikanischen übertragen wurden – entnommen aus: Einheitsübersetzung der Heiligen Schrift, vollständig durchgesehene und überarbeitete Ausgabe

Wir danken für die freundliche Genehmigung zum Abdruck.

Anmerkungen

1 Vgl. John Drane (Hrsg.): *The Great Sayings of Jesus: Proverbs, Parables and Prayers*. St. Martin's Press, New York 1999.
2 *Holy Women, Holy Men: Celebrating the Saints*. Church Publishing, New York 2010, S. 448.
3 Vgl. Susan Belasco: »Harriet Beecher Stowe in Our Time«, in: www.nationalera.wordpress.com
4 Apple-Werbefilm »Think different«, 1997.
5 Vgl. das Gesangbuch *Lift Every Voice and Sing II*. Church Publishing, New York 1993, Nr. 228.
6 Martin Luther King Jr. in der »I Have a Dream«-Rede vom 28. August 1963.
7 Rev. Canon Theodore Wedel: *A Modern Day Parable*. Eine Version dieses Gleichnisses findet sich unter www.ecfvp.ord/vestrypapers/death-and-resurrection/parable-of-the-lifesaving-station. Es gibt noch weitere Fundstellen im Internet.
8 *The New Oxford Annotated Bible*. Oxford University Press, New York 1991, 1, S. 511.
9 *The Hymnal 1982*. Church Hymnal Corp., New York 1985, Nr. 550.
10 Dieser Satz, der sich auch bereits in der Barmer Theologischen Erklärung von 1934 findet (Anm. d. Übs.), wird hier zitiert nach: Dietrich Bonhoeffer: *Letters and Papers from Prison*. Macmillan, New York 1971, S. 203.
11 Martin Luther King Jr.: »Our God is Able«, in: *The Strength to Love*. Pocket Books, New York 1964, S. 131f.
12 Verna J. Dozier: *The Dream of God: A Call to Return*. Cowley Publications, Cambridge 1991, S. 141.
13 Einheitsübersetzung 2016; Lutherbibel 2017.
14 Hoffnung für alle; ähnlich auch Gute Nachricht.
15 Zürcher Bibel.
16 Verna J. Dozier: *The Dream of God: A Call to Return*. Cowley, Boston 1991.
17 Vgl. James M. Washington (Hrsg.): *A Testament of Hope: Essential Writings of Martin Luther King Jr.* Harper & Row, San Francisco 1986.

18 Martin Luther King Jr.: *Stride Toward Freedom.* Harper & Row, New York 1958, S. 105 f

19 Englischer Originaltext vgl. *The Hymnal 1982.* Church Hymnal Corp., New York 1985, Nr. 676.

20 Vgl. Marcus Borg & Ross MacKenzie (Hrsg.): *God at 2000.* Morehouse Publ., New York 2000, S. 131. Das Bibelzitat steht in Johannes 12,32.

21 Vgl. *The Book of Common Prayer.* Church Hymnal Corp., New York 1986, S. 855.

22 Vgl. George Bernard Shaw: *Selected Plays with Preface, Vol. 2.* Dudd, Mead & Co., New York 1949, S. 7.

23 Hier zitiert nach *Lift Every Voice and Sing II.* Church Publishing, New York 1993, Nr. 228. Das Lied ist aber auch in vielen deutschen Gesang- und Liederbüchern zu finden.

24 Roberta Bondi: *To Love as God Loves: Conversations with the Early Church.* Fortress Press, Philadelphia 1987, S. 25.

25 Maya Angelou: *Wouldn't Take Nothing for My Journey Now.* Random House, New York 1993.

26 Walter Harrelson: *The New Interpreter's Study Bible.* Abingdon Press, Nashville, TN, 2003. Vgl. auch Bruce M. Metzger und Michael D. Coogan: *The Oxford Companion to the Bible.* Oxford University Press USA, New York 1993, S. 733 f.

27 Daniel Erlander: *Manna and Mercy: A Brief History of God's Unfolding Promise to Mend the Entire Universe.* The Order of Saints Martin and Teresa, Mercer Island, WA, 1992, S. 45.

28 Originalzitat nach *The Canberra Assembly of the World Council of Churches,* http://oikumene.net/ang.canberra91/eng.canber.2.7./index.html

29 Die Quelle für diesen Ausspruch ist allerdings unsicher.

30 Vgl. Raymond E. Brown: *The Birth of the Messiah: A Commentary on the Infancy Narratives in the Gospels of Matthew and Luke.* Doubleday & Co., New York 1993, S. 420.

31 Originaltext von Alma Bazel Androzzo. Quelle: www.sghistory.com

32 Vgl. Desmond Tutu: *Hope and Suffering.* William B. Eerdmans Publishing Co., Grand Rapids, MI, 1985, S. 9.

33 Die Originalausgabe findet sich in *The Hymnal*. 1982. Church Hymnal Corp., New York 1985, Nr. 529. Für sowohl den deutschen als auch den englischen Text siehe z. B. *Evangelisches Gesangbuch. Ausgabe für die Evangelisch-Lutherischen Kirchen in Bayern und Thüringen*. München und Weimar 1994 u. ö., Nr. 658.

34 Vgl. Martin Luther King Jr.: *Strength to Love*. Harper & Row, New York, 1963, S. 169: »Die Erfahrung von Montgomery trug stark dazu bei, mein Denken über die Frage der Gewaltlosigkeit zu klären, mehr als alle Bücher, die ich gelesen hatte. Im Laufe dieser Tage wurde ich mehr und mehr überzeugt von der Kraft der Gewaltlosigkeit. Durch das Erlebnis dieses Protests wurde Gewaltlosigkeit mehr als eine Methode, der ich mit dem Kopf zustimmte. Sie wurde zu einer Lebensweise.«

35 *The Hymnal 1982*. The Church Hymnal Corp., New York 1985, Nr. 525.

36 Manlio Simonetti/Thomas C. Oden (Hrsg.): *Matthew 14–28. Ancient Christian Commentary on Scripture*. InterVarsity Press, Westmont, IL, 2002, S. 14.

37 Vgl. Richard A. Burridge: *Imitating Jesus: An Inclusive Approach to New Testament Ethics*. William B. Eerdmans, Grand Rapids, MI, 2007, S. 182.

38 Rowan Williams: *Where God Happens: Discovering Christ in One Another*. New Seeds, Boston 2005, S. 112f.

39 *The Book of Common Prayer*. Church Hymnal Corp., New York 1986, S. 305.

40 John Allen: *Rabble-Rouser for Peace: The Authorized Biography of Desmond Tutu*. Free Press, New York 2006, S. 26.

41 Raymond E. Brown: *The Gospel According to John I–XII*. Doubleday & Co., Garden City, NY, 1966, S. 314.

42 *The Book of Common Prayer*. Church Hymnal Corp., New York 1991, S. 101.

43 Vgl. *The Dogmatic Constitution of the Church – Lumen Gentium*, Kapitel 1, »The Mystery of the Church«, in: Documents of the Second Vatican Council 1994; www.vatican.ca/archive/hist_councils/ii_vatican_council/documents/vat-ii_const_19641121_lumen-gentium_en.html

44 Vgl. Wolfhart Pannenberg: *Systematic Theology, Vol 3.* William B. Eerdmans, Grand Rapids, MI, 2009; John Macquarrie: *Principles of Christian Theology.* SCM, Norwich, UK, 2003; Jaroslav Pelikan: *The Melody of Theology: A Philosophical Dictionary.* Harvard University Press, Cambridge, MA, 1988; Joan Chittister: *In Search of Belief.* Redemptorist Publ., Chawton, UK, 2009; Hans Küng: *The Church.* Continuum, New York 2001; Hans Küng: *On Being A Christian.* SCM, Norwich, UK, 2012.

45 Die Millenniumsziele, die die Vereinten Nationen im Jahr 2000 niederlegten, umfassen: Bekämpfung von extremer Armut und Hunger, Primärschulbildung für alle, Gleichstellung der Geschlechter und Stärkung der Frauen, Senkung der Kindersterblichkeit, Verbesserung der Gesundheitsversorgung der Mütter, Bekämpfung von Malaria/HIV/AIDS und anderen schweren Krankheiten, Ökologische Nachhaltigkeit und Globale Partnerschaft für Entwicklung. (Anm. d. Übs.)

46 John Donne: »Meditation XVII«, in: *Devotions upon Emergent Occasions and Death's Duel.* Vintage Books, New York 1999, S. 102f.

47 Vgl. John Stubbs: *John Donne: The Reformed Soul: A Biography.* W.W. Norton & Co., New York 2006, S. xix, xxv, 447.

48 Martin Luther King Jr.: »Christmas Sermon on Peace«, gehalten in der Ebenezer Baptist Church, Atlanta, Georgia und auf CBC gesendet, als Teil der 7th Annual Massey Lectures: www.thekingcenter.org/archive/document/christmas-sermon

49 »Archbishop of Canterbury: Better Bishops for the Sake of a Better Church«, in: *Lambeth Conference 2008 News,* 23. April 2008.

50 Marty Haugen, www.hymn-books.com

51 Vgl. Marty Haugen: »All are welcome«. Quelle: www.hymn.books.com

52 Emma Lazarus: »The New Colossus«.

53 Richard A. Burridge: *Imitating Jesus: An Inclusive Approach to New Testament Ethics.* William B. Eerdmans, Grand Rapids, MI, 2007, S. 182.

54 Renita J. Weems: *Yale Alumni Magazine,* Jan./Feb. 2009, S. 65.

55 Charles Marsh/John M. Perkins: *Welcoming Justice: God's Movement Toward Beloved Community*. InterVarsity Press, Downers Grove, Il, 2009, S. 17 f.

56 Justin Lewis-Anthony: *If You Meet George Herbert on the Road, Kill Him: Radically Rethinking Priestly Ministry.* Mowbray, London 2009, S. 103.

57 Vgl. Loren B. Mead: *The Once and Future Church: Reinventing the Congregation for a New Mission Frontier.* Alban Institute, Washington DC 1991; Brian D. McLAren: *A New Kind of Christian: A Tale of Two Friends on a Spiritual Journey.* Jossey-Bass, New York 2001; ders.: *Everything Must Change: When the World's Biggest Problems and Jesus' Good News Collide.* Thomas Nelson, Nashville, TN, 2009; Phyllis Tickle: *The Great Emergence: How Christianity Is Changing and Why.* Baker Books, Ada, MI, 2012; Diana Butler Bass: *A People's History of Christianity: The Other Side of the Story.* HarperOne, New York 2010; dies.: *Christianity After Religion.* HarperOne, New York 2012; Harvey Cox: *The Future of Faith.* HarperOne, New York 2009.

58 George Bernard Shaw: *Selected Plays with Prefaces, Vol. 2.* Dodd, Mead & Co., New York 1949, S. 7.

59 *The Hymnal 1982.* New York (The Church Hymnal Corp.) 1985, Nr. 208.

60 Frontline: »From Jesus to Christ: The First Christians«, www.pbs.org/wgbh/pages/frontline/shows/religion

61 Der Prophet Jesaja spricht von Galiläa als dem »heidnischen Galiläa« (vgl. Matthäus 4,15; Jesaja 9,1). Ein Bibelkundler schreibt dazu: »Der Name bezieht sich auf den Ruf dieser nördlichen Grenzbezirke als ethnisches Mischgebiet.« *(The Interpreter's Dictionary of the Bible,* Vol. 1, E–J. Abingdon Press, Nashville 1962, S. 345). Ein anderer Autor beschreibt Galiläa zur Zeit des Neuen Testaments als »von einer multiethnischen Bevölkerung bewohnt«. (Ebd. Vol. 2, D–H. Abingdon Press, Nashville 2007, S. 515).

62 www.pewforum.org/Age/Religion-Among-the-Millenials.aspx

63 John Meecham: »The End of Christian America«, in: *Newsweek,* 3. April 2009.

64 Vgl. www.pewforum.org/Age/Religion-Among-the-Millennials.aspx

65 Ich habe dieses Gedicht zum ersten Mal in einer Predigt von Rev. David H.C. Read gehört, die Ende der Siebzigerjahre in der Sendereihe »The Protestant Hour« im Radio übertragen wurde. Das Manuskript dieser Predigt war mir nicht zugänglich, ich zitiere aus dem Gedächtnis.

66 Dietrich Bonhoeffer: *Letters and Papers from Prison.* Macmillan, New York 1971, S. 203.

67 Vgl. *The Random House College Dictionary*. Random House, New York 1984, S. 540.

68 Der Text stammt von dem Countrysänger und Songwriter Gene MacLellan. Quelle: www.allmusic.com

Die amerikanische Originalausgabe erschien 2013
unter dem Titel »Crazy Christians: A Call to Follow Jesus«
bei MOREHOUSE PUBLISHING.

Besuchen Sie uns im Internet:
www.bene-verlag.de

FSC
www.fsc.org
MIX
Papier aus verantwortungsvollen Quellen
FSC® C083411

Originalausgabe September 2019

Ein Imprint der Verlagsgruppe
Droemer Knaur GmbH & Co. KG, München

Übersetzung: Ulrike Strerath-Bolz
Redaktion: Nicolas Koch und Stefan Wiesner
Covergestaltung und Satz: Maike Michel
Coverabbildung: picture alliance/Everett Collection/Derek Storm
Druck und Bindung: CPI books GmbH, Leck
ISBN 978-3-96340-072-8

5 4 3 2 1